ヒロシマ人の生き方

言わんと意見

迫 勝則

南々社

ヒロシマ人の生き方

言わんと意見

プロローグ

１９６９年3月のことだった。第二次世界大戦が終わってから24年。世界中に比較的、平穏な空気が漂いはじめる頃だった。

大学４年生だった私は、縁あって英国南部の都市ボーンマス（Bournemouth）に短期留学していた。ある日のこと。一人で早朝からバスと列車を乗り継いで、ホームステイの宿舎から直線距離で約１２０㎞先にあるオックスフォード大学まで日帰り旅に出かけた。目的は単に、世界に名だたる名門大学の雰囲気を肌で感じてみたかったからである。

その帰路のこと。ボーンマスまで列車でどう乗り継いで帰ったらよいのか分からなくなった。途中のロンドンのウォータールー（Waterloo）駅で、駅員を含む2、3人に尋ねてみた。しかしネイティブ英語で駅名などを連呼され、実のところ何を言っているのか分からなかった。

構内で途方に暮れていたとき、一人の男が近づいてきた。外見は英国紳士とは程遠い、年齢不詳のどこかうさん臭い風貌の男だった。そして私の正面に立ち、執拗に顔を近づけてなにやらまくしたてる。このままいけば、体ごとぶつかってくるような気配も感じた。時々、聴きなれた英単語が耳に入る。

「ヒロシマ、ナガサキ！　…アトミックボーン！」

もちろん彼は、私が広島生まれ、広島育ちであることを知らない。おそらく外見から日本人と判断し、第二次世界大戦の敵国の人間に対し、体を寄せてからんできたのだと思う。彼は明らかに泥酔していた。

このちょっとした騒ぎに周囲の人たちが反応した。おそらく3、4分後のことだったと思う。映画に出てくるようなカッコいい警察官二人が駆け付け、手際よくその男を取り押さえ、どこかへ連れていった。

その警察官の背中に表示されていた〝police〟の文字が、やけに印象に残る。私はそれまでの人生22年間、被害であれ加害であれ〝police〟のお世話になったことなどは一度もなかった。

正直に言って、そのときは何がどうなっていたのか分からなかった。しかし私は、この出来事によって、直面していた窮地を脱することができた。最後までコトの成り行きを見つめていた30歳くらいのメガネをかけた女性が、まるで知り合いのように優しく声をかけてくれた。

「何かお困りでしたら、言ってください。私がお手伝いします」

あれから55年が経つ今でも、私はその女性の顔をうっすらと覚えている…ような気がする。どこか教員風のシャキッとした英国然とした淑女だった。その後しばらくの間、テレビドラマなどで似たような淑女が登場すると、あの人ではないかと思うようになった。

そのとき、私はすべての事情を話した。すると彼女は、私を列車のホームまで導いてくれた。

そしてボーンマスまでの道のりを細かくメモに書いてくれた。

その日の深夜。私はやっとの思いでホームステイの宿舎に辿り着いた。そして数日後に日本へ帰国。さらにその2日後に、すでに入社が決まっていた東洋工業（現マツダ）の入社式に臨んだ。

自然（忘却）の理として、この話は誰にも語られることなく、大海原の波のなかに呑み込まれていくはずだった。おそらく私がまだ、あのときの泥酔男の心情を計り知ることができていなかったからである。

マツダに入社し、1980年代から海外営業に携わるようになった。そして次第に、あのときの意味が、ぼんやりと分かるようになってきた。そして段々とそのシーンが、擦り切れたＶＴＲを観るように繰り返し出てくるようになった。


もう一つの話は、1990年にマツダの仕事で中東の産油国・バーレーンを訪れたときの話である。バーレーンは、人口が広島市（約115万人）よりも少ない80万人未満の小さな国だった。日々の仕事が終わり、現地の人たちと会食する機会が何度かあった。そのとき複数の人たちから、同じ質問を度々受けた。私が少し奇に思ったのは、彼らの表情がビジネスのときよりも真剣

（真顔）だったということである。

「日本（特に広島）は米国から原子爆弾を投下されたのに、なぜ仲良くしているのか？」

いまさらどうしてそんな話を持ち出すのだろうか、と思った。さりげなくその真意を探ってみると、彼らにとって、日本と米国が仲良くするのは、どう考えても理解できないということのようだった。

そのとき私が感じたのは、彼らにとって、歴史的事実というのは〝岩よりも硬い〟ということだった。別々の人から何度も同じ質問を受け、私は、彼らの心の中に〝どうしても動かせない何か〟があるような気がしてならなかった。その感覚こそが、いまなお続くイスラエルとパレスチナの紛争の原点になっている。

一方で、日本人というのは概して、状況の変化に対応し柔軟である。良く言えば、訳もなく〝他人を許す〟という心の奥行きを感じるが、悪く言えば、自分の意見を持つ人が少なく、すべてを曖昧にして平然と生きている人が多い。

1990年代の後半に入り、私はそのことを身に沁みて感じるようになった。その幕開けは1996年にマツダが米フォードとの資本提携を強化し、多くの役員を迎え入れたときだった。私は、期せずしてその渦中の人となり、そのときの葛藤を自著『さらば、愛しきマツダ』（文藝春秋）のなかで詳しく描いた。

フォードという会社は、アメリカ合衆国（United States of America）という国家そのものだった。特に20世紀後半からの西側の世界秩序は、米国を中心にしたグローバリズムの精神によって形づくられた。

いまの世界を俯瞰してみると、米国を中心にした西側諸国に対し、ロシア、中国、中東諸国などが、目に見える形で、露骨に抵抗を試みはじめる時代に入っている。

因みに前述の拙著について、直木賞作家の佐々木譲氏は書評のなかでこう書いていた。

「この作品は、文系サラリーマン版『プロジェクトX』（NHK）である。活字で言うならば『アイアコッカ　わが闘魂の経営』とか『晴れた日にはGMが見える』を連想させる好著だ。これほど率直に、かつ詳細に描かれた回想は、ほとんど思いつかない」

この書評は身に余る光栄だったが、私は世界を支配しようとした米国企業の本質を十分に書ききれたとは思っていない。

その後、世界は色彩の異なるインクが流れて混ざり合うように、微妙な変化を見せはじめた。ちょっとした出来事によって、味方だと思っていた国が、突然、敵国に変わる。

思えば、隣国同士の日中、日韓の関係は、まるで不定期の振り子のように目まぐるしく変化した。そのため、その都度起きる〝日本製品不買運動〟などは、いつ見てもVTRを観ているような錯覚に陥る。

こうなってくると、生きていくうえで大切になるのは、やはり自分の拠り所となる立ち位置である。自分たちはいったい何ものなのか。それを知ることである。

その一つが、私たち広島人は「自分たちの故郷が、人類史上初めて原子爆弾を投下された地であること」をしっかり認識して生きていかなければならないということである。

いま世界中で語られる核戦争の最大の抑止力は、誰が何と言っても、広島、長崎の存在そのものである。それはこの事実を知り、惨状を目の当たりにした人間が、核ボタンを押すわけがないという希望的かつ短絡的な考え方に基づいているが、残念ながら、いまはそれ以上の抑止力がない。

英国の泥酔男の奇怪な行動。バーレーンで繰り返された根源的な質問。それらに対し、私はもっと明確な答え（指針）を持っておくべきだった。しかし思うに、それらは今から考えはじめても決して遅くはないのではないか。なぜなら今、世界中にまるで第一次、第二次世界大戦前のような混沌とした不穏な空気が流れはじめたからである。

いつか、どこかの国が「第三次世界大戦」という文字や言葉を発信しはじめるのではないか。そう考えると、心配で夜も眠れないようなときがある。

私たちが住む丸い地球は、いまその言葉が飛び交いはじめても不思議ではない状況にある。世界共通の辞書に「世界大戦」の定義が載っていないせいもあるが、それをいつ誰がどう判断して使いはじめるのかについては、万人万色の考えがあり、誰にも分からない。

例えば、北朝鮮のウクライナへの兵士派遣は、明らかに一個人ではなく一国家としての行動である。これはいまならありえない米軍や英軍のウクライナへの兵士派遣と同じ意味を持ち、ついに一線を越え、多国間による世界戦争への扉を開いたという解釈もできる。

私たち人類は、その曖昧な定義のなかに性懲りもなく突入するのだろうか。それとも生存をかけた人々の叡智を結集し、胆力のすぐれた英雄の登場（行動）によって、それを避けることができるのだろうか。私たちは同時に、この2つの異なる入り口に立っている。つまりどちらにも進むことができるのだ。

世界戦争というのは、いつも〝まさか〟の延長線上から生まれる。いまがその〝まさか〟のときなのではないか。世界の人々の心底にあるそれぞれの思いが、生暖かい不穏な空気として地球を覆っている。それぞれの人が持つ歴史観、また予測もできない突発的な出来事によって、世界が再び戦場化してしまうことについては、誰も予測できない。まさに不透明な混迷の時代なのである。

振り返って見ると、人間の歴史というのは、時に激しく、時に絵の具でキャンバスを塗り替えるように微妙に、そして時に大胆に姿を変えながら、同じことを繰り返してきた。人間の記憶もまた、時の流れとともにセピア色（遠い過去）に変わっていく。そして、やがて風に吹かれた砂漠の波紋のように跡形もなく消えていく。この世は、過去から現在に至る無数の儚い人間たちの忘却の墓場だと言ってもよい。

これから世界は、どのような秩序・形に向かって進んでいくのだろうか。そして我が日本は、こういう流れのなかでどう対処していったらよいのだろうか。

人間はなぜ戦うのか。それは、人間本来の未熟さ（性）であると同時に、哀しい「忘却と無知」の産物であると言ってもよい。

まず、はじめに書いておく。いま世界の人たち（特に、知識人）の多くが心の底で、収束する気配のない「ロシアとウクライナ」「イスラエルとパレスチナ」の争いに、和平の提案を行えるのは〝日本〟ではないかと思っている。

そのことに気付く日本人（特に広島人）は、ごく一部の人たちを除き、ほとんどいない。この単行本の終章では、その背景や理由について、持論を書いてみたい。

この本は、一歩も二歩も人生の終焉に近づいた一人の広島人（被爆2世）が、遺言に近い形で次世代の人たちに伝えたい平和と戦争、産業（マツダなど）、文化スポーツ（カープなど）を題材にした、独り言のような〝広島を愛するための教本〟である。

あなたが住む広島は、あなたが思っている以上に大きな価値を持ち、意味深く、そして誇りに満ちた都市である。

我が郷土史を俯瞰してみると、私たちの住む広島は、戦国武将だった毛利輝元（元就の孫）が築城した広島城を中心にした城下町（文化都市）として発展していくはずだった。

ところが1945年8月6日、市中心部の上空580メートルのところで炸裂した米軍の1発の原子爆弾によって、全く別の道を歩むことになった。

この広い地球上で、他に長崎しかない特異な街で、あなたはどう生きるのか。これから書くのは、広島、長崎の被爆者とその2、3世の人たちの生き方を通し、現代に生きる人たちに心を開いて語りかける〝平和を考えるネタ〟でもある。

折しも2024年12月10日。長きにわたって地球上から核兵器をなくす運動を主導してきた日本被団協（日本原水爆被害者団体協議会）が、ノーベル平和賞を受賞した。その意味はいったい何だったのだろうか。それはいま世界各地で、核兵器使用の可能性が高まっているからだと思う。もし核兵器が使用されれば、それに伴う世界戦争、そして人類の破滅へと繋がっていく。

世界には、広島、長崎に生きる人にしかできないことがある。この本で、その核心（本質）みたいなところを問うてみたい。

ヒロシマ人の生き方——言わんと意見

もくじ

ヒロシマ人の生き方――言わんと意見

もくじ

第1章

世界に一つのヒロシマ

壮大なグランドビジョンは
時の流れを超えて
永々と生き続ける

平和の灯（慰霊碑から原爆ドームを望む）

欧州の中央に位置するチェコとスロバキアが分裂する前の1991年のことだった。私はマツダの出張でプラハ（チェコスロバキアの首都）を訪れた。当時はまだ東欧色が濃く、出張には欧州（ベルギー）駐在の担当の商社マンが同行してくれた。

空港からプラハ中心部に向かう車中で、その商社マンが言った。

「迫さん、右手（車窓）の向こうに見える建物を見て、何か感じませんか？」

見ると、そこには広島の原爆ドームそっくりの建物が、もちろんどこも破壊されないままに平然と建っていた。堂々とした風格に、どこか静かな威厳のようなものを感じた。同時に私は、不思議な感覚に包まれた。

「どうして広島の原爆ドームと同じ建物が、チェコにあるんですか？」

私の質問に、商社マンは少し得意げに応えてくれた。実は、広島の原爆ドームは「広島県産業奨励館」として建てられたものだが、そのデザイン・設計を担当したのは、旧チェコスロバキアの著名な設計家ヤン・レツルだった。

彼の建築作品は国内（チェコ）をはじめ、世界中に点在する。たまたまプラハ郊外にある建物と原爆ドームのデザインモチーフが同じだったのである。中央の丸いドーム型を中心に欧州スタイルの堅牢で華麗な建築物が堂々と周囲を固める姿は、彼特有のものだった。

別の話になるが、私は地元テレビ局のロケ取材のときに、ある人から元の産業奨励館の完璧な姿をB2サイズのモノクロ写真で見せてもらったことがある。それは息を呑むような美しい姿、いやどちらかと言うと荘厳な力強い姿だった。

たとえ壊れかけた姿であったとしても、原爆ドームには、人々を圧倒するような力がある。広島人は、この深遠な意味をもつ建造物に〝ドーム〟(半円形の天井)の名を付けた。

その丸い塔(原爆ドーム)は、被爆直後に、多くの人から「見たくない」として撤去が検討されていた。しかし広島市民は賢かった。議論を重ねた末、1966年に市議会で原爆ドーム保存を決議した。もちろん後世の人たちに、原子爆弾の恐ろしさを視覚的に伝えるためだった。

その保存工事は全額寄付で賄われた。1967年の1回目の保存工事(総額4000万円)では、市民などから家計が苦しいなか6600万円が集まった。そして1989年の2回目の工事のときには、その寄付額が4億円に達した。

この話で気付く人もいるかもしれない。その後、復興のシンボルとして創設されたプロ野球・広島カープが窮地に陥ったとき、球団を支えたのは〝たる募金〟だった。こういう「原爆ドームを遺す」「寄付(募金)をする」というヒロシマの社会性のある互助精神は、その後、日本各地(東日本大震災など)のモデルになった。

無策の象徴だったのか？

その原爆ドーム保存決議から59年の刻が流れた。広島の街は、いつでも保存と記憶のなかにある。つまり歴史の教訓を生かし、末代まで誇りの持てる〝平和な街づくり〟をするという命題があるのだ。この観点から、平和記念公園および原爆ドーム一帯（周辺）について、個人的な目線で検証してみたい。

いまから20年前（２００５年）のことだった。旧広島市民球場の移転が正式に決まった。当然のことながら同時に、そこの跡地問題が発生した。これは一つ視点を変えれば、平和都市ヒロシマの21世紀型の〝在り方〟を見直し、より具体的に前進させることができる絶好の機会だった。

ようやく旧市民球場の跡地利用について選考委員会が設けられたのは、２００６年5月のことだった。そのとき広島市は、案を公募した民間事業者に対し「年間１５０万人以上を集める施設」という条件を付した。

これが後々の迷走の原因になった…と思う。そもそも何を造るのか分からない段階で「１５０万人の集客」を打ち出したのは、早計だった。何を造るかによって、それぞれ価値基準が異なるからである。

その後、民間事業者から26案が提出された。その頃すでにメディアの仕事（TVコメンテーター）に携わっていた私も、そのすべてを精査させてもらった。見方によっては、どれも素晴らしい。さて、このなかから最優秀案1点を選ばなければならない。しかし、そもそも選定基準がなかったわけだから、選びようがない。選考委員会のメンバーの一人は、そのときの苦悩をこう振り返っている。

「ミュージアムを創るとか、新たなスポーツ施設を創るとか、上屋の大きいものが多く提案されていました。しかし提案した企業なり団体なりが自ら設備を造り、運営まで任されることになっていましたので、金銭的な条件が厳しく、本当に跡地をどうするかというようなところに目が向いていなかったような気がします」

最終的に「最優秀案」は該当がなく、その代わりに「優秀案」が二つ選ばれた。一つは、平和公園に寄贈された折り鶴を展示・保存する「平和祈念堂」を中心にした施設。もう一つは、川に囲まれた水の都・広島をイメージした「水な都・未来」だった。しかし、いずれも選定基準によって評価が変わった。

そこで広島市は、この二つの案を組み合わせることを決断する。さらに、敷地内にある広島商工会議所の建物を移転する計画を示し、その後、広島市民有志から提案のあった「ライトスタンドの一部を残す案」まで取り入れられた。結局、広島市が推進したのはこの案だった。

しかし、そこから3、4年という歳月が流れても、なかなか着工への具体化計画は発表されなかった。一時は、その検討さえ先延ばしになり、昔風に書けば〝ソバ屋の出前待ち〟状態になった。

2010年4月。私がコメンテーターを務めていた地元テレビ番組で、跡地問題の特集が組まれた。ここに、その番組で朗読されたナレーションを紹介しておこう。

「子どもの頃、両親に連れられて足を運んだ旧広島市民球場。カクテル光線のなか、ハツラツとしたカープ選手のプレーに興奮したものでした。また目の前には原爆ドームがあり、ここは広島の中心地、私たちにとって全国に誇れる〝おらが街の球場〟でした。しかし、旧広島市民球場の跡地利用計画は、いまなお不透明なままです。

考えてみますと、私たちは本当に議論を尽くしてきたのでしょうか。広島市は、新球場建設と跡地問題をセットで考えていました。150万人の集客が見込めるものを…と話していますが、新球場（マツダスタジアム）の賑わいの一方で、旧広島市民球場はかつての賑わいを失っています。

本当に跡地をどうすればいいのか。広島にとって大切な場所、多くの人が集う場所です。ここを自慢できる場所にするために、我々もいま一度、考えてみませんか？」

番組では各方面からのVTRを含め、さまざまな意見が紹介された。私もその都度、持論を述べさせてもらった。それを骨子で書くならば、こうなる。

「まず市の考え・構想（ビジョン）を固めること。何を目的にして、何を造るのか。それが示されない限り、この計画が前に進むことはない。家屋の建築プロセスに例えるならば、外観、内装よりも、基礎、土台を造る方が先…」

この番組を終えるときの最後の5、6秒間。MCから、私に思いもよらない締めコメントが振られてきた。

「いまの状況を目の当たりにして、迫さん、最後に一言お願いします」

私の口からとっさに出た言葉は、こうだった。

「うーん。〝無策の象徴〟ですかね」

やがてこの言葉（無策の象徴）は、同局の複数の番組で、繰り返し放送されることになった。

それでも、事態が動きはじめるような気配はなかった。

ようやく切り開かれた道

繰り返すが、広島の街は当時、刻々と変化する世界情勢に合わせ〝平和都市ヒロシマ〟を再構築する絶好のチャンスを迎えていた。この一帯が世界遺産・原爆ドームを中心にした広島市の中心地だったからである。

ここはある意味で、日本の中心地でもある。また人類の恒久平和のために繊細にプランされたビジョンさえあれば、もしかして世界の中心地にもなりうる。

世界ではじめての原爆投下の廃墟から、被爆者が逞しく立ち上がり、カープや球場とともに街の復興を目指した広島人の思いは、できれば、この地に象徴的に凝縮されることが望ましかった。その思い（魂）はあのとき、いったいどこにどのように処理されようとしたのだろうか。

どこか関係団体の意見（顔色）を窺がいながら、「スクラップ&ビルド」の考え方から脱しきれなかった人々の出した結論に、私は一市民として、そして一被爆2世としてやりきれない思いを禁じ得なかった。

実は、こうしたパッチワーク的作業からは、何のビジョンも生まれてこない。つまり、こうした進め方からは、平和都市ヒロシマが目指していく方向性は未来永劫に見えてこないのだ。計画の核となる高邁な思想（哲学）が希薄だからである。あのままでは今後10〜20年もたたないうちに、この一帯が都市の中心機能の役割を果たすことなく、寂しく廃れていく可能性だってあった。

その頃から18年が経った２０２３年3月。その跡地に「ひろしまゲートパークプラザ」と商業施設「シミントひろしま」がオープンした。

私はほんの小さな期待を心に秘め、その地を訪れてみた。「小さな期待」というのは、ひょっとしたら「これでよかったのかもしれない」という気持ちとの迎合だった。ところが、そうはいかなかった。落ち着きのある、お洒落で爽やかな広場なのに、やっぱりどこか寂しい。

このささやかな公園と、厳選されたわずかばかりの商業施設に辿り着くまで、私たちは実に18年の歳月を費やしたのだ。その間におびただしい人たちの知恵と労力を駆使し、そして相当の予算(私たちの税金)をつぎ込んだ。

かつて原爆ドームを遺すことを決断し、平和記念公園を整備し、精神的な支えとしてプロ野球団・カープを設立して踏ん張った広島人の心意気は、いったいどこに消えていってしまったのだろうか。

2024年2月。ようやくこの閉塞した空気感が変わりはじめた。道路(城南通り)を隔てた中央公園内に「エディオンピースウイング広島」が開場し、8月には、そのすぐ隣に市民の憩いの場となる「HiroPa」(ひろぱ)がオープンしたからである。

ここで私は、ある大切な話を思い出す。実は、この構想(街中心部のスポーツ施設)は、すでに被爆直後に、ある建築家(後述)の全体構想のなかに確《しか》と描かれていた。その構想図を見ると、現在の「エディオンピースウイング広島」とほぼ同じ場所に、楕円形のスポーツ施設が描かれている。

　私には時間はかかったものの、広島の街づくりがようやく軌道に乗りはじめたように見える。すでにはじまっていた街中心部の商業施設、マンション、宿泊施設なども着々と整備が進んでいる。

　この状況で、一つ提言をしておきたい。私たちはいま最も大切なことを、言葉は適切でないかもしれないが〝行き当たりばったり〟で進めている。

原爆ドームから道路を隔て「ひろしまゲートパーク」。もう1本道路を隔て、サッカースタジアム横に「ひろば（芝生広場）」。広島人ならこの経緯を知っているので、多少理解はできるかもしれない。

　しかし後世の人たち、全国からの旅行者、またおびただしい外国人旅行者に、果たしてこの二つの空間の意味を理解してもらえるだろうか。大切なのは広島市として、これらを一つのコンセプトでまとめることである。

　もちろん、同じようなコンセプトの空間にそれぞれ名前をつけるのは、あまり意味がない。できれば一つの名前にすべきで、もし許されるなら、すでに親しまれている「平和記念公園」でいいのではないか。どうしても二つを分けたいのなら「ひろしまゲートパーク→平和記念 第二公園」「ひろぱ→平和記念 第三公園」でいいのではないか。つまり広島市中心部は、すべて「平和記念公園」なのである。

ロンドンに「ハイドパーク」、ニューヨークに「セントラルパーク」、ヒロシマに「ピースパーク（平和公園）」。真の国際都市なら、堂々とその並びに入らなければならない。特に、広島に住む若い人たちに伝えたい。これから無限に続く時間は、あなたたちのものである。この地をある意味で、世界の中心にしてほしい。

広島市の再整備

現在の広島市中心部は、1949年に公布、施行された「広島平和記念都市建設法」に基づいて整備されている。具体的に書けば、平和記念公園内の原爆資料館（広島平和記念資料館）から原爆死没者慰霊碑（広島平和都市記念碑）、原爆ドームを結ぶ南北軸。さらに市街地を貫く平和大通りの東西軸。この二つの軸が垂直に交叉する特徴的な十字軸を中心に、デルタへと街路が格子状に広がっている。

そこで営まれる市民の生活は、他の都市に比べ、比較的、移動も楽で分かりやすく、困ることも少ない。

しかし近年、こういう荒廃した土地から立ち上げた戦後復興型の都市計画だけでは、新たな社会変化に対応できないという側面も出てきた。

急速な情報化への対応、国際化への対応、バリアフリーなど少子高齢化への対応など、都市に求められる機能が刻々と変化しているからである。

広島市では、2003年に「広島駅周辺地区」、2018年に「広島紙屋町・八丁堀地区」がそれぞれ国の都市再生緊急整備地域に指定され、さらに2020年には、この両地区を統合する形で、広島の中心地域を広域で整備する特定（その一部）都市再生緊急整備地域に指定された。これらの法律の下では、減税などを含め、各種の法的規制が緩和される。

現在、これらの法律が活用され、複数の整備計画プロジェクトが完了、進行、立案中である。そのなかに都市計画道路（東部線、広島高速5号線）、地元の広島銀行本店ビル、大手のフルサービスホテル、複合ビルなどの建設、ＪＲ広島駅南口・北口周辺の整備、同駅ビルの建て替え、旧広島市民球場跡地の整備、中央公園サッカースタジアムの建設なども含まれた。

つまり「ひろしまゲートパーク」「シミント広場」「エディオンピースウイング広島」「HiroPa（ひろぱ）」などは、街を構成するピース（機能の一部）にすぎないのだ。

それぞれの活用法も大切だが、一番大切なのは、それらがどのように有機的に関わり合うかという鳥瞰的かつダイナミックな視点である。

都市のグランドビジョン

現在すでに完了、または進行中の各事業プロジェクトは、それぞれ時代ニーズに合ったものであり、ムダなものは何一つない…はずである。その一方で、私たちはそのムダのない効率的な空間づくりが、広島らしさを阻害してしまう可能性についても留意しておかなければならない。

例えば、それぞれの整備計画が滞りなく完了したとしても、これを全体として眺めてみると、東京や大阪の街角とほとんど区別がつかないというような可能性である。つまり個別プロジェクトとして捉えてみると、それぞれ目的を達成しているのに、全体として観ると、広島らしい特徴がほとんど出ていないというような問題である。

私の専門領域（ブランド論）で恐縮だが、この際、都市の機能的価値というのは一時的には達成されるものの、その一方で、長期スパンで見たソフト面でのブランド価値（後述）というのは、それとは別の話になるのだ。

都市ブランドの観点で言えば、全体イメージに貢献しないビジュアル構築物を〝景観ゴミ〟と呼ぶことさえある。欧州の多くの都市では、この全体プランが一つの考えで比較的うまくコントロールされている。

私は、こういう全体構想の底辺に流れている基本的な考え方、思想・哲学のことを〝グランドビジョン〟と呼んでいる。グランドビジョンなき個別計画というのは、長期にわたって機能を維持し続けることはできない。

なぜなら周囲の状況が変化した時点で、当初計画していた機能が十分に発揮できなくなるからである。現に、日本中にその種の構築物が建っている。そこに全体の芯を貫く壮大なビジョンが存在しないからである。

現在、広島市は中央公園（中区）にある市営の7施設（中央図書館、こども図書館、こども文化科学館、青少年センターなど）の再配置計画を推進中である。

この再配置（移転含む）の方向性は、市議会の都市活性化対策特別委員会で報告され、関係団体や議会の意見などを踏まえ、具体案が決まる。もちろんこれら一連の作業のなかには、官民の役割分担の見直しなども含まれる。こうした一連の動きは、未来の街づくりの大きなチャンスになる。

この際、また一つ苦言を書かせてもらいたい。現在進行中の「中央図書館の商業ビル（ＪＲ広島駅前エールエールA館）への移転計画」については、根本的な問題を感じている。

地域の重要な文化・教育インフラである公立図書館は〝知の集積地〟であり、それなりの器が必要である。つまり一事業者の提案を受け入れて…というような発想であってはならないのだ。

あるべき姿をきちんと描いた上で、堂々と独立した存在であってほしい。よもやそこに「集客が…」というようなビジネス的な発想は、存在していないと信じるが…。被爆80年を迎えるいま、的を射た壮大な構想（グランドビジョン）の策定は急務ではないか。というか、この点は、常に各自治体の中心に位置づけられなければならない。なぜなら全体を俯瞰したグランドビジョンというのは、時間の流れを超越し、延々と生き続けると思うからである。

ここでどうでもいい余談である。私がテレビで大好きな番組の一つは、ＮＨＫの「名曲アルバム」である。

番組にナレーションはなく、西洋のクラシック音楽のときが多いが、各ジャンルの名曲だけが耳に入ってくる。その画面に洗練された美しい映像と、ほんのわずかなテロップ文字。それを観ていると、作曲家や街の歴史などのすべてが分かる。

私は「名曲アルバム」がはじまると、いつも耳と目のすべてを音楽と映像に集中させる。おそらくその理由は、人間の営みと街のグランドビジョン（ブランドの魂）が見事に昇華し、私の心を満たしてくれるからだと思う。たった5分間の番組なのに、まるでそこに行ったような気分になる。

私にとって、これほど至福な時間はない。一つの考え方で創られた西洋の古い街の佇まい、教会、市庁舎、公共図書館、その人工美のなかでの人の営み…。壮大なグランドビジョンというのは、時空を超えて、必ず人に伝わる。

張りぼて（パッチワーク）のような考え方や一過性のアイデアでは、長きにわたって人々の心を惹きつけることはできないのである。

街は人が創る

世界中の街に、人々が生活するための器／形（ハード）がある。そして人々が日々生きていくための行動／姿（ソフト）がある。その規模の大きさや組み合わせのバランスによって、世界に二つと同じ街は存在しない。

いま多くの人が頭のなかに想い浮かべる主たる広島イメージは、広島平和記念公園の慰霊碑から原爆ドームを望む線上のビジュアルに代表されると思う。

これと同じ視点を持つならば、パリの凱旋門やエッフェル塔、ニューヨークのタイムズスクエアや自由の女神、シドニーのオペラ座、シンガポールのマーライオンなどが同じ役目を果たしている。

つまり世に〝ランドマーク〟という言葉があるように、地域一帯を象徴する建物や記念碑というのは、永遠に人々の記憶のなかに深く刻み込まれる。そのために必要になるのは、その芯を創りうる才能あふれる〝個人の力〟である。つまり、これが自然発生的に生まれることは稀有なのである。

例えば、高級品の定番である欧州ブランドの「ルイ・ヴィトン」「ココ・シャネル」「ティエリー・エルメス」「イヴ・サンローラン」。日本ブランドの「ハナエ・モリ」「イッセイ・ミヤケ」「カンサイ・ヤマモト」「ケンゾウ・タカタ」。そのほとんどが個人の名前に由来している。自動車でも海外の「メルセデス・ベンツ」「ポルシェ」「プジョー」「アルファ・ロメオ」「フォード」。日本の「トヨタ」「ホンダ」「スズキ」。そして「マツダ」も創業者の松田重次郎の姓を重ね合わせたものである。ブランドの芯というか、その根底には人の強い個性（思想）が貫かれている。

この観点から、広島の街を見てみよう。被爆後に街の復興を願い、原子爆弾が投下された直下に造られた広島平和記念公園をデザイン・設計したのは、当時まだ33歳の若さだった建築家の丹下建三である。

彼は１９４６年夏に東大の研究室スタッフとともに広島入りし、都市再興計画の構想をスタートさせた。そしてのちに広島市主催の「広島平和記念公園コンペ」に参加し、1位に入選。他の設計案は公園のみを視野に入れた計画だったが、丹下の案は、南北軸と東西軸を組み合わせた、広島市中心部の全体を視野に入れたものだった。

前述の中央公園のスポーツ施設（現エディオンピースウィング広島）が、しっかりと形として描かれたのは、この計画のなかだった。

あのとき彼が注目したのは、まだ「倒壊の危険があり、惨事を思い出したくない」という理由で、取り壊しが検討されていた原爆ドームの建物だった。

彼は一つの半壊建物に過ぎなかった姿（形）にスポットライトを当て、中心性を持つ都市空間として広島を再建する方向性を模索したのだ。この考え方の後押しもあり、1966年に広島市議会が満場一致で、原爆ドームの永久保存を決議することになった。

このプロセスで丹下は、親交のあった世界的な彫刻家イサム・ノグチに慰霊碑のデザインを依頼した。しかしいったんノグチの案が選ばれたものの、彼が日系アメリカ人だったため「原爆を投下した国の人のデザイン」として強い反対意見が出た。

そこで丹下自身がノグチのコンセプトを生かしながら、自ら慰霊碑のデザイン・設計を担当することになった。いま世界中の来場者が祈りを捧げている慰霊碑は、日本古来の「埴輪の家の屋根」をモチーフにした丹下の作品である。

その慰霊碑の中央下に設置された石碑には「安らかに眠って下さい 過ちは繰返しませぬから」という碑文（和文字）が刻まれている。これについては一時、この文章の主語は誰なのかという論争が起きた。このとき碑文の選定に当たった雑賀忠義《さいかただよし》（当時・広島大教授）のコメントが参考になった。

「これは全人類の過去、現在、未来に通じる広島市民の願い（感情）であり、良心の叫びである」

こうしてこの論争を「広島の悲劇は、核兵器を開発し戦争を起こした全人類の過ちだ」とする解釈で統一させることで決着がついた。

広島人は、原爆を投下した米国を断罪するのではなく、原爆を投下する要因になった「戦争」そのものを「過ち」として捉え、再び過ちを繰り返さないことを誓ったのである。

過去の苦しみや悲しみに耐え、憎しみを乗り越えなければ、真の平和はやってこないからである。

この考えは、いまなお戦争を止めようとしない一部の国々への警鐘であると同時に、広島が世界に誇れる「人類の知的遺産」である。広島人は、このことにもっと大きな自信を持ち、世界に広めていかなければならない。

イサム・ノグチの話にも続編がある。平和のためには米国人（日系人）も日本人もない。その後に造られた広島平和記念公園の東西の端にある平和大橋と西平和大橋はイサム・ノグチの手によるものである。

私は以前、この優れたデザインの源泉を知るために高松市（牟礼町）にある「イサム・ノグチ庭園美術館」を訪ねたことがある。

しかしその日はちょうど休館日で館内に入れず、しばらくの間、外の芝生に座って思いを馳せたことを思い出す。

彼は、牟礼町で産出される花崗岩（庵治岩）を使ったことをきっかけに、米ニューヨークと牟礼町の2か所にアトリエを構え、数々の名作を世に出した。

世界平和を〝形〟で表現することは、私たちが思っている以上に大切なことである。そういう意味で、私たちが住む器としての広島は、世界に誇れる〝平和都市〟なのである。

私の「ひろしまフラワーフェスティバル」

一つだけハード（構築物）の話ではなく、ソフト（活動）の話を書いておきたい。

1976年のことだった。私は当時、マツダ宣伝部で「PR誌」と「PRイベント」を担当していた。イベントというのは、東京モーターショーをはじめ全国区のものが多かったが、なかには地方（地元など）の催し物もあった。

ある日のこと。広島で「フラワーフェスティバル」という名のお祭りを開催したいので、その是否や実施する場合のやり方など希望（意見）を聴かせてほしいという非公式の機会（会合）があった。

おそらくそのとき、いろいろ開催主旨などの説明を受けたのだと思うが、私の準備・勉強不足もあり、その会合では次のように述べた。

「広島市には伝統ある〝とうかさん〟〝胡子講〟〝住吉祭〟などがある。いずれもその芯に古来の揺るがない由緒がある。突然、あまり必然性を感じない、由緒にも乏しいフラワーフェスティバルと言われても…」

私は非公式ながら、若さの至りで軽々しく個人的な意見を述べた。もちろんまだ意見を聞く会（段階）だったので、マツダの公式意見ではなかった。

その後、市民を含めた検討会が重ねられ、毎年5月3〜5日の3日間、平和大通りと広島平和記念公園をメイン会場とした「ひろしまフラワーフェスティバル」が開催されることが決まった。

この経緯を平たく書けば、中国新聞社を中心にした人たちの発案（仕掛け）に対し、広島市、商工会議所、地元企業などが共鳴し、D社、H社などの大手広告会社の助力を得て、花をテーマにしたお祭りによって、広島の街を盛り上げようとする「花の祭典」が開催されることになったのだ。

１９７７年の第1回は、たまたまマツダ宣伝部が、広島本社から東京支社（五反田）に移転する年だった。4月に家族と一緒に東京に異動した私は、１か月もたたないうちに広島にUターン出張し、この仕事に取り組んだ。

ここでの仕事は予め企画・手配しておいた初日パレードのマツダの山車を演出すること。そしてマツダ特設ステージで３日間イベントを開催することだった。

いまでもそのときのことはよく覚えている。特になつかしく思うのは「全国の花の女王」を招いたことだった。あのアイデアは、私の発案で、地元の広告会社（M社）が具体化してくれた企画だった。

当初、「花の女王」たちはマツダの山車の上で手を振ってもらうだけの仕事だったが、のちに実行委員会の催し物となり、全体の主要イベントの一つになった。

社内の舞台裏の話もある。そもそもマツダにとって、フラワーフェスティバルというのは、主としてブランド／商品のPRを行う宣伝部の仕事ではなく、地元貢献を担う総務部の仕事ではないか。私は上司にそう直訴した。これが素直に受け入れられ、第3回からこの仕事は総務部が担当することになった。

その後、フラワーフェスティバルは毎年１５０万人前後を動員し、広島の街になくてはならないイベントになった。

そしてマツダ宣伝部が再び、広島に拠点を移したあとのこと。私の部下だったMさんがイベントを盛り上げる3人のミスフラワー（当時の名称）の1人に選ばれた。

さらに時代は移り「ミス・コンテスト」批判が高まり、その名称が「フラワークイーン」となって定着した。

平和の象徴として

2024年。コロナ時代が一段落し、フラワーフェスティバルは5年ぶりのフル開催になった。このイベントが平穏に開催されるということは、疫病の流行も少なく、平和な世の中だということである。

いまから49年前。私がうかつに意見を述べた祭りの在り方（本質）については、決して正しいものではなかった。どんな祭りでも、そのはじまりはゼロスタートである。ただそこには必ず芯になるものが必要である。ひろしまフラワーフェスティバルでは、その芯が〝ヒロシマ人の平和を願う心〟だったのだ。

そこで改めて、私が発足当初に予測できなかった、この祭りの開催の今日的な意義についてまとめておきたい。

平和記念公園、平和大通り、平和大橋…。フラワーフェスティバルが開催される一帯の多くの場の名称に「平和」の文字が入っている。

その意味を探ってみると、このイベントの主旨がよく分かる。そう、ここはあの丹下健三が〝ヒロシマの未来〟を描いたときの東西軸の出発地点なのである。

平和記念公園の正面入り口に、祭りのシンボルとなる「花の塔」を設置し、通称「百メートル道路」と呼ばれる平和大通りで、2回も「パレード」（3日、5日）を行う。ここに広島人だけでなく、全国から人が集まる。

この情景こそ、被爆地に住む広島人が目指した夢の姿だったのではないか。因みに「花の塔」は直径約9メートル、高さ約8メートルの十二角すいで、パンジー、ビオラ、デイジー、カーネーションなどの鉢植え、切り花で毎年、一般公募で決まるデザインで図柄化される。そしてフィナーレのときには、その花々が市民に無償で配られる。

かつて私たち夫婦も、その花をゲットするために、子どもの手を引いて「花の塔」付近の行列に並んだことがある。やっぱり、そこでもらった鉢植え（パンジー）は、殊のほか大切に育てたように記憶している。

おそらくフツーの広島人なら、このお祭りに何度も足を運んでいると思う。そこでバッタリ出会う久しぶりの友人。思わず肩が触れた隣人の顔をふと見ると、憧れの芸能人。迷子の子どもをみんなで世話しながら、やっと親が見つかったときの見知らぬ人たちの拍手の嵐。

ここでの出来事はみな、市民の大切な思い出になる。あのときペーパー上に東西軸を描いた丹下健三とその後の人たちの思いは、いま現実にフラワーフェスティバルとして、ヒロシマの「平和の象徴」になっているのだ。

2024年の第47回ひろしまフラワーフェスティバルは晴天に恵まれ、3日間で過去最高の約181万6千人の来場者を記録した。

いまから80年前。広島市中心部の上空で炸裂した世界で初めての原子爆弾。その同じ空の下で、広島市民は美しい花を飾り〝人間の何たるか〟を示してくれている。これこそ逞しく生きる人間の本来の姿である。

小さな街の物語

前述のイサム・ノグチの四国（高松市）つながりで、もう一つ〝街の形を造った物語〟を紹介しておきたい。それは地域と協働し、街づくりを仕掛けた一人の建築家の物語でもあった。

読者は、高知県にある梼原《ゆすはら》町というお洒落な街をご存知だろうか。高知県西北の山間部に位置する人口約3100人（令和6年時点）ほどの小さな街である。街の面積の91％を占める森林には手つかずの自然が残り、品質の良い木材が採れる。

この豊かな自然と優れた木材を守りたいと立ち上がった一人の若き建築家がいた。その人とは、2020年東京五輪のメイン会場になった新「国立競技場」の設計を担当し、一躍〝時の人〟になった隈研吾《くまけんご》である。

隈は1954年に横浜市で生まれ、建築家になった。90年代初頭に日本のバブル経済がはじけたとき、彼は東京での仕事のほとんどを失った。そのとき「地元の木を使って…」と梼原町から声をかけられたのが立ち上がるきっかけになった。

梼原町では歴代の町長がみな、地元の木材を使った建築を大切に考え、隈がその後30年間も一貫して街づくりに携わることになったのだ。彼は『はじまりの物語〜ゆすはらが教えてくれたこと』（写真文集 青幻社）のなかでこう綴っている。

「梼原に出会って、僕は生まれ変わった。梼原で古い木造の芝居小屋に出会い、素敵な森と出会い、様々な職人さんと出会って、僕は生まれ変わった。（中略）いま思えば、その時、梼原という特別な場所に呼び寄せられたように感じる。森に潜む何かが僕を呼び出し、何かとても大事なことを伝えようとしたように感じる」

私は、梼原町にある彼の作品群に少なからぬ興味を持った。そして2019年に、彼の手になる「雲の上ギャラリー」と、そこと一体になった「雲の上ホテル」に滞在し、目を見張るような〝樹のデザイン〟と、そこから醸し出される自然の〝和の温もり〟を体感した。

いったいどこの世界にタオル片手に、ギャラリー（写真展）を楽しみながら、浴室に向えるホテルがあっただろうか。

その翌朝。同じく彼がデザイン・設計した「まちの駅　ゆすはら」で買い物を楽しんだ後、「梼原町立図書館」を訪れ、ド肝を抜かれた。

傾斜のある長方形の図書館の屋根材以外は、すべての構築物が地元産の木材で構成され、1階の柱が2階まで突き刺さっているみたいな斬新なデザイン。天井からは、木材（角材）がまるで雨が降ってくるみたいに美しく組み合わされている。一見、ランダムのように見えるが、そうではない。

靴を脱いでなかに入ると、さらなる驚きの光景が待っている。私たちはしばらくの間、思い思いに読書を楽しむ人たちを眺めていた。ここでは古里の木材に囲まれ、心豊かな時間が流れる。読書、瞑想…。なかには幼児に絵本のページをめくる母親もいた。この人間的な心温まる光景と、見事な〝樹と空間〟の芸術はいまでも目に浮かぶ。

改めて、移転が予定されている「広島市立中央図書館」と比較してみよう。そこに公立図書館として最も大切なコンセプトの在り方の違いが、くっきりと浮き彫りにされている。

梼原町には、他にも「梼原町総合庁舎（役場）」などが立ち並び、言ってみれば、街全体が「隈研吾 現代美術館」なのである。

家内と二人で訪れた名所は全国に数限りないが、隈研吾の世界を堪能し「雲の上ホテル」で高知名物の〝鰹のたたき〟に舌つづみを打ち、ゆっくりと街を散策できたのは格別なご褒美になった。その後、2024年に「雲の上ホテル」は改築され、ホテル部分がいっそうモダンになったと聞く。

あれは2018年2月のことだった。私は、残雪深い長岡市（新潟県）の青年会議所の招きで、一人で講演に行ったことがある。

講演が終わった翌朝。副市長さんらの計らいでJR長岡駅と一体になった市役所、市議会場、バスケットボール・新潟アルビレックスBBの本拠地〈アオーレ長岡〉などを見学させてもらった。

このときもまた強烈な印象を受けた。その理由は、その一帯を見事に統一し、木材を多用して構成された隈研吾の心を打つデザインだった。梼原市＝隈研吾。長岡市もまた、隈のコンセプトを市の中心に据えていた。

平和の軸線

翻って、我が広島の街を見てみよう。

あのとき若き丹下健三が、荒廃した広島の街を南北軸、東西軸に延ばし描いた構想は、いまでも生き続けている。そのなかで生活を営む広島市民の象徴の姿が「ひろしまフラワーフェスティバル」（前述）だったのである。

いま改めて、丹下構想の意図を振り返ってみよう。彼が描いた東西と南北の「平和の軸線」を真っすぐに地球一周すると、必ず元の地点に戻ってくる。それは爆心地をある意味で〝世界の中心〟にしようとした構想だったのではないか。

いまそこに住む私たちは、これを着実に花開かせなければならない。それが広島に住むという意味であり、責務である。

広島平和記念公園内にある彼の作品「原爆資料館」と「慰霊碑」。そこから見える「原爆ドーム」。そして中心地から延びる分かりやすく合理的な町割り。私たちはいま、この延長線上に立っている。

時代は違っても、哲学者にも似た稀有な才能を持つ人が放つ強烈な個性というのは、自治体の理解と尽力を得て、夜空の星のように輝き続ける。

広島市＝丹下健三である。そして私たちは、それ以前に広島県産業奨励館（原爆ドーム）を設計したヤン・レッツル、それ以後に2つの平和大橋を設計したイサム・ノグチの功績（名前）も忘れてはいけない。

もう一度、書く。都市のコンセプトは、有能な個人の力によって描かれる。そしてそれを完成、昇華させるのは、その都市に住む人々の知恵と不断の努力である。

おしい！広島県

2013年のこと。すでに大学を去ることを決意していた私の研究室に、広島県の若い職員が訪ねてこられた。差し出された名刺には「ひろしまブランド推進課」と記されている。私がちょっと驚いたのは、その人の所属ではなく名前（姓）の方だった。

その人の姓は「迫」。私と同じ姓の人だった。「迫」という姓は、広島県と鹿児島県に多いと聞くが、同じ仕事をする人として出会うのは、初めてのことだった。

彼の話は、そのころ広島県がスタートさせていた「県のブランド推進に関するコンサルタント」の依頼だった。私はかつて何度か、ＴＶ番組の取材インタビューなどで湯﨑英彦知事や田辺昌彦副知事（当時）と話をさせてもらっていた。そのことが、この話の源だったのだと思う。もちろん「私でよければ…」と、ボランティアでその仕事を引き受けた。

その後、県庁の若い人たちに、研究室で何度かゼミのような形で話をさせてもらった記憶がある。ただその後、私が大学を去り、研究室が使えなくなったので、私の方から県庁の会議室に出向くようになった。

あまり官庁的にならず、ボランティアという気軽な立場のせいもあったと思う。いつのまにか打ち合わせ回数が増え、ついに私の自宅（応接間）が会議室と化した。

ご記憶の方も多いと思うが、そのころ広島県が展開していたのは「おしい！広島県」キャンペーンだった。専門家ならすぐにお分かりだと思うが、これは本来、広告会社の仕事であり日本の最大手D社が担当していた。

当時、魅力ある食や観光地が多いのに、知名度が低かった広島県の観光資源を「おしい！」と自虐的に表現し、内外から注目を集めようとしたものだった。因みに、そのとき「おしい！委員会メンバー」に選ばれたのは、委員長に有吉弘行、委員に西城秀樹（故人）、城みちる、達川光男、山本浩二など11人だった。

その評価は後述するとして、広島県はその第2弾として、２０１４年に「泣ける！広島県」キャンペーンを導入した。この際の〝泣く〟というのは、悔しさや悲しさからくる涙ではなく、素晴らしい景色、美味しい食、温かい人に出会ったときなどに心の底から溢れ出る感動の涙を意味していた。

そのとき私は、このキャンペーンから一定の距離をおきながら、率直なコメントをお伝えした。そして、このときの124ページに及ぶ立派な「広島県究極のガイドブック」の制作にも協力した。そのガイドブックのなかで私は、「泣ける！宿」として宮島の老舗旅館を写真入りの短い文章で紹介させてもらった。その狙いは、できるだけ多くの人に「老舗＝ブランド」を意識してもらいたかったからである。

「もみじ饅頭は今から104年前（当時）、ここ岩惣の女将から依頼を受けた『高津堂』が創ったもみじ形のお菓子が、後に全国のファンから愛されるようになったもの。世界遺産・宮島に今も静かに佇む岩惣は、もみじ饅頭に思いを馳せつつ、昔のままの情緒を楽しむことができる宿です」

この話には泣ける後日談がある。2017年に、私の高校の同窓会がその岩惣で開催された。そのとき岩惣の玄関に「泣ける！宿」という小さな看板が掲げてあるのを偶然に見つけた。

その帰り際、見送りに出た旅館の人に、看板を指さし「これは私が紹介したんですよ」と耳元でささやいてみた。しかし旅館の人は「この人は何を言っているの」みたいな怪訝な表情で私を睨みつけるだけだった。

因みに、岩惣は2023年のG7サミット広島で、首脳たちのワーキングランチが行われたことで、全国的に有名になった。

このキャンペーンの話には、もう一つオチが付いている。実は「泣ける！広島県」のガイドブック8000冊がアッという間に、日本社会から姿を消してしまった。

広島県の人気はすごい…と思っていたら、そうではなかった。そのガイドブックの表紙をはじめ、多くのページでモデルとして登場していたのが、広島県出身の歌手Perfume（パフューム）の3人だったのだ。彼女たちの人気がすごかったのである。

県のステートメント

官の話なので、あまり軽々に書くべきではないと思うが、その頃、私がブランド推進課の皆さんにお話していたことの一端を、差し支えないと思われる範囲内で、少し紹介しておこう。

そもそも地域ブランドというのは、幾多の観光地や行動（思い出）などが、それを受け止める人々の心のなかで記憶の塊として蓄積し、長い時間をかけて〝消えないイメージ〟として形成されるものである。

つまり一朝一夕には形成されないものなのだ。ましてや短期的なキャンペーンなどで易々と得られるようなものではない。

もっと厳しく書けば、少なからぬ県民の税金を投入し、長期にわたって奇抜なTV広告を継続して得られるような性格のものではない。専門的に言えば、これはフロー戦略ではなく、ストック戦略なのである。利那的なアイデアよりも、地についた〝継続的で手堅い行動〟が必要になる。

この点は、そのことをプロとして熟知しておられたはずのD社の方々とも、活発な議論をさせてもらった。その結果、その後も当初の計画に従って、さらに第3弾まで進められたと記憶する。ただキャンペーンは、次第に収束される方向へと向かっていった。

アイデアに富み、奇をてらったPRキャンペーンを全面否定するつもりは毛頭ない。ただ、どうしてもこの手法を使いたいのなら、せめて3回とも同じ訴求(キャッチコピー)で長く地道に続けなければ、効果はシャボン玉のように消えて無くなるだけである。

例えば、ズバリ核心を突きながら、意表をついた愛媛県の「うどん県」、大分県の「おんせん県」などは、比較的うまく運営されているように見える。

このプロセスにおいて、私が個人的にサンプルとして描いてみた、県民の精神的な心得みたいなもの(県のステートメント)を紹介しておこう。

「広島県民は、瀬戸内海から中国山地に至る豊かな自然の恵みを享受し、自然と人間が共存する活力ある人間社会を創りたいと願う。そして、そこに住む人々の叡智を結集し、日本一住みやすい県づくりを目指す。また先人たちが残した貴重な歴史・文化遺産や地域の伝統を守り、未来に向け、より創造的な地域文化を育んでいく。さらに、この地で生まれた産品や文化を地域の宝として、自信と誇りと感謝の念をもって、日本および世界中の人びとに広めていきたい。そして人類初の被爆地に住む民として、あらゆる機会を通し、平和を愛する心を育み、人類の恒久平和の実現に貢献したい」

ただもちろん、このような上位概念を謳うだけでは何もはじまらない。自治体のブランド推進というのは、何よりも実体が大切なのである。

短期のフロー作戦（キャンペーン）が絶対にだめというわけではないが、県のブランドイメージが形成される長期の基本メカニズムを決して忘れてはいけない。

ローマは一日にして成らず

2023年に総務省が公表した人口移動報告によると、広島県は3年連続で転出超過が全国最多になった。つまり県外から流入する人と、県外に流出する人とのバランスがいま著しく崩れているのである。これは、確かに由々しき問題である。

その大きな要因の一つが「首都圏などの大学に進学した若者が、そのまま県外で就職して広島に戻ってこない」ということにある。思うに、若い人にとって一番大切なのは、日々生きていくための生活基盤を得ることではないか。これをもっと有り体に書けば、若者が転出する一番の要因は、広島という地に日々の生活の糧を得るための仕事において、それほどの魅力を感じないという点にある。

将来の生活、子育てなどを含めた〝生活ビジョン〟というのだろうか。ここに確とした「地域の戦略」が必要である。その際には、意外に行政サービスの質などが決め手になることもある。これらのことのために〝街の形づくり〟からはじめることも十分に考えられる。その可能性についいては、第4章において具体的な例を示しながら論じてみたい。

実は、私は2007年からの4年間、当時の秋葉忠利市長から委託を受け「広島市（安芸区）街づくり懇談会」の座長を務めた。その懇談会の委員は、地域団体を代表する40名くらい。いつも整然と正当な意見が述べられていた。

しかし、そのとき私が感じたことは、市はきちんと段取りを踏み〝しっかり意見を聴いた感〟（プロセス）を大事にしていたのではないかということだった。対立する意見は、なるべくその中間くらいのところで円満にまとめるというやり方が多かった。

それはそれでとても良いことだったが、一方で本当の改革にはなりにくい。そしてもう一つは、委員の選び方である。やはりどうしても団体をまとめる有力者（高齢者）が中心になると、会議の内容が形式的になる。本当は地域の未来を担う若者が中心になることが望ましかった。

それらを体験させてもらった上で、基本的なことを記しておきたい。「地域が人を惹きつける」ということは単に金銭的メリットを与えたり、一過性のキャンペーンを張ったりすることでは得られない。大切なのは、人が生活拠点として根を張ることのできる〝いきがい創出〟への期待感をゆっくりと急ぐことなく気長に育て上げることである。

広島県の本当の魅力はいったい何なのか。それを見極め、そのことを〝これでもか〟というくらいしつこく徹底的に追求（訴求）し続けることである。

「ローマは一日にして成らず」という。時間はかかるかもしれないが、これは〝やれば、必ず道が開ける〟。

ただもう私はコンサルタントの任にはないので、あまり多くを語るべきではない。新たに立ち上げられた組織の皆さんの叡智と不断の努力によって、広島市や広島県のブランド推進がより良い方向に進んでいくことを切に願っている。

外野席からにはなるが、「がんばれ！広島」は、私の生涯キャンペーンの一つである。

第2章

戦後、平和都市の意味

米国はなぜヒロシマ、ナガサキに原子爆弾を投下したのか

広島に投下された原爆のきのこ雲
（1945年8月6日8時15分）

この本を書きはじめてから、ハッと気が付いたことがある。それが図らずも、自分史の時間の感覚を少し狂わせはじめる。そして「私は何者なのか？」という話に繋がっていく。

私は1946年7月生まれ。これまで一度も広島への原爆投下との関連を自分史の一ページとして考えることはなかった。つまり心のなかでは、いつもあの悲惨な出来事は「私が生まれる前の話」だったのである。

ところが人生は「知らぬは不幸。知るは幸」である。私が幼少だった頃の母の様子を調べはじめてから、暗闇のようだった世界が、うっすらと見えるようになってきた。

何も語らなかった母は、原爆投下の直後から、被災者の救援活動に駆り出された。そこで見たこの世のものとは思えない情景、そしてそこで起きた一つひとつの出来事が、生涯のトラウマになった。そのことを知ってから、私の意識は少し変わった。あの原爆投下は他人事ではなく、自分史のはじまりを告げる出来事だったのである。

閃光の記憶（A Flash of Memory）

なぜ私は、そんなことを今ごろになって気が付いたのだろうか。その根底のところには、広島人が避けて通れなかった哀しい人間の性（心理）があった。自分の意識とは関係なく、頭と体がそういう話を避けるという説明のつかない深層心理が、そこに存在していたように思う。

その説明のつかない心理の実体について、考えてみよう。実は今も昔もそうだが、人間には、どうしても自分たちと異なる人たちを理由なく区別する（受け入れない）習性がある。それは〝差別〟とか〝偏見〟という言葉で表現される。

そのことは人間本来の肌の色や人種、異なる社会（地域、国など）、さらには事件や事故の加害、被害者にも及ぶ。

被爆後の広島で、被爆者が一時〝そういう目〟で見られていたことについては、悲しいことだが、紛れのない実態だった。本人やその子どもが仲間外れにされる。いじめを受ける。就職が難しくなる。結婚相手が見つからない。

今では信じられない話だが、それがあの頃のヒロシマ社会だった。私が深層心理と書いたのは、広島に住むほとんどの人が、他人が心の底でそういう意識を持っているだろうと思っていたからである。それが、ごく自然に形成された特異な心理だった。

21世紀に入ってからのことだった。私の母校である広島国泰寺高校の偉大な先輩・三宅一生さんが、突然、自らのポリシーを転換し〝自分が被爆者であること〟を積極的に発信しはじめた。

三宅さんは小学1年生（7歳）のときに被爆。片足が不自由だったのは、そのときの後遺症だったと伝えられている。

国際的な服飾デザイナーになった彼は、当初「原爆を生き延びたデザイナー」というレッテルをポジティブに捉えることができなかった。ところが半世紀という時間が、彼の心を少しずつ動かした。

特に2009年4月に、当時の米オバマ大統領がプラハで行った「核廃絶を訴える演説」がきっかけになった。人の世の営みを重ねるにつれ、それが自分の大切な基盤であることを悟り、これを公表すべきと考えるようになったのだ。

彼は同年7月に米「ニューヨーク・タイムズ紙」に意見広告「A Flash of Memory」を出稿し、自らの被爆体験を公表した。寄稿のなかで彼は「被爆体験を語ることは、個人的かつ倫理的な責務だ」とし、オバマ大統領の広島訪問を促した。

この訪問が2016年に実現したとき、オバマ大統領への土産品として贈られたのは、三宅事務所がデザインした「腕時計」と「万年筆」だった。

三宅さんは超有名人だったので、世間の皆は「ああ、そうだったのか」と、彼の被爆体験と意見について理解を深めた。しかし一般の被爆者の多くは、そうではなかった。つまりこの世を去るまで、ほとんどの被爆者が無言・沈黙の姿勢を貫いたのである。実のところ、私の母もその一人だった。

母の他界

１９４５年8月6日8時15分。広島人でこの〝刻〟を知らない人はいない。そのとき真夏の強い日差しを避けるため、早朝から1歳半の姉を背負って畑仕事をしていた母が、私に語ってくれた原爆に関する唯一の話は、次のことである。

「ピカッという鋭い閃光のあと、地の底まで揺るがすようなドーンという鈍い爆音が響いた。その数秒後に大茶臼山の向こうに巨大な〝きのこ雲〟が見えた。その爆風で農具が倒され、爆心から12キロ（直線）も離れているのに、我が家の障子枠が吹き飛ばされ、障子紙もボロボロに破れた」

この天地を裂くような「光と音」は、広島人の間で、いつしか「ピカドン」と呼ばれるようになった。そしてその後も、さまざまな意味合いで使われた。

23歳の若さで、自らの眼であの〝きのこ雲〟を見た母は、その後、典型的な昭和の広島の母親の道を歩みはじめるようになる。母について子が語るのはおこがましいが、誰からも好かれ、テレビドラマに出てくるような自慢の良母だった。

母がこの世に生を受けてから73年が経った１９９５年9月12日午前7時。隣に住んでいた父が血相を変えて、我が家に飛び込んできた。そしてこう叫んだ。

「母さんが倒れている！」

すぐに駆け付けたが、母は無表情で横たわっていた。身体的な反応も意識もない。動転した父の代わりに、私がすぐに救急車を呼んだ。

病院の集中治療室から白衣の医師が出てきて、沈痛な面持ちでこう言う。

「全力を尽くしてみます。ただ覚悟だけはしておいてください」

覚悟？　私はその言葉が信じられなかった。なぜなら、その時刻からわずか14時間前（前日の夕刻）、母はいつもの穏やかな表情で、その年はじめて収穫した栗の実を、我が家の玄関先まで届けに来てくれていたからである。

まるで止まったような時間が不気味に流れていく。病院のチャイムが正午を告げた直後のことだった。医師がいっそう深刻な表情で部屋を出てきた。

「なかに入って、立ち会ってください」

その数分後。狭い静かな空間のなかに医師の声だけが、冷たく響いた。

「ご臨終です」

私は生まれて初めて、父が人前で泣き崩れる姿を見た。病名は心臓近くの「大動脈乖離」。母は何の予告もなく、73年の生涯を閉じた。

それからしばらくの間、来る日も来る日も涙が止まらなかった。朝、目覚めたときに枕が濡れていることもあった。しかしこれは、世の遍く人が通過しなければならない運命の道である。ただ一つ違っていたことは、母が被爆者だったということである。母は、特に70歳を超えてから循環器障害で通院することが多くなっていた。しかし一、二度の入院を除いて、日常生活に大きな支障が出たことはなかった。

翌1996年。市役所から一通の文書が届いた。そこには「母の名が原爆死没者名簿に記載され、広島平和記念公園の慰霊碑のなかに収められた」ということが記してあった。

それは原爆死没者名簿のなかに、達筆の墨文字で書き込まれた一人の女性の名前に過ぎなかった。しかしそこには、多くの人の無限で深遠な思いが沁み込んでいる。私は母の没後に、ようやくそのことに気が付いた。

偶然のことだが、この年の秋に強い台風が広島を襲い、裏庭にあった栗の木（老木）が根こそぎ倒れてしまった。あの日の前夜に母が届けてくれた栗の実…。その実を付けた老木もまた、母より長かった生涯を閉じた。

広島の母を生き抜く

その後、原爆のことを全く語らなかった母のことを無性に考えるようになった。折りに触れ、さりげなく近い親戚の人から話を聴いてみる。そして、それらの話を裏付けるために、父が遺してくれた地元の『観音村史』（1957年発行）などを紐解いてみた。

観音村というのは、いまの広島市佐伯区の一部（千同・三宅など）の旧地名である。いろいろ調べを進めているうちに、次第に〝母が語らなかったこと〟がぼんやりと見えはじめた。

子どもの頃、私はよく母に手を引かれ、近所の小道を歩いた。その道の〝ある場所〟に来ると、母が決まって口にした言葉があった。

「昔はここに小学校があったんよ」

それは独り言のようでもあったし、幼子（私）に何か告げたいような、どこか言い表しにくい雰囲気があった。つまり、子ども心に何かを感じた。そこは自宅から3、4分歩いたところの高い石垣の上（高台）。のちに毎日通うようになった小学校への道の傍らでもあった。

私は小学校に通った6年間、何度かその石段を、上の状況が見えるところまで昇ってみたことがある。どこか見てはいけないものを見るような気もした。だが、そこは雑草が生い茂るだけの広大な空き地（広場）だった。

大人になってから、さらにその一段上に整備された公園で子どもを遊ばせながら、その広場を上から眺めることがあった。その頃は、広い畑と、片隅で蜜蜂を飼育しハチミツを採取する場になっていた。そしていまは土地が分譲され、立派な家々が立ち並んでいる。

最近になり、京都から帰省してきた孫の手を引いて、その一帯を散歩したことがある。いまは道路で子どもが遊べるような、のどかで平穏な空気が流れている。

『観音村史』によると、その観音尋常小学校は1891年に建てられた。そして1945年8月6日の原爆投下の直後に罹災者収容所の一つに充てられ、中央校舎4教室、北校舎5教室に多くの罹災者が運び込まれた。

その後、小学校は現在の三宅地区に移転し、私はそこに6年間通った。『村史』の余談になるが、その1ページには私の1〜6年の担任の先生（3人）の名前と、その住所まで記載されていた。当時の学校の先生というのは、『村史』に印字されるほどの立場の人だったのである。

ここからが本題である。私の母は、近い親戚の人たちの話を総合すると、あの日（8月6日）の翌日から、その罹災者収容所に動員され、何らかの「辛くて語れないような作業」に従事した。そのとき少なからぬ、あるいは幾何かの放射性被害を被った可能性がある。それはいわゆる「残留放射線障害」と呼ばれるものらしく、医学的にも認知されている。

しかし私は今でも、早かった母の死の直接の原因について、あまり深刻に考えていない。それはもう詮索し〝究明すべきこと〟ではなく、大切なのはこれから先、もう愚かなこと（戦争）は〝止めよう〟という話にしなければならないと思っているからである。

思い起こせば、戦後間もない頃の広島は、まだ街角に〝もの乞い〟の人たちが、どこか惨めでやるせない悲しげな音楽を奏でながら、背中をかがめて頭を下げている時代だった。誰もがみんな生きていくために、必死に何かをしようとしていた。そんな社会の風潮（空気）のなかで、人々にいったい何を語れというのだろうか。

私はほとんどの被爆者が、戦後、何も語らなかったことについて何の違和感もない。それは、むしろ人間としてごく自然な道理だったと思う。

そんな時代背景のなかで、私はついに母の口から直接そういう話を聴くことができなかった。それでも現世で母と同じ時間と空間を過ごした49年間は、十分に…いや誰よりも幸せだった。

話の流れでついでに書いておく。私の父も被爆者として長年、農業（協同組合）関係に従事し、昭和天皇から「黄綬褒章」を授かった。しかし晩年は体調を崩し、多臓器不全のため78歳で他界した。

そして家内の母（義母）もまた被爆者だった。義母は原爆症の人たちに多い「膵臓がん」に苦しみ、78歳の生涯を閉じた。あの日、爆心地近くの電車の中で義母が体験した奇跡のような話については、後で本書のエピローグとして詳しく書く。

いま何も語らなかった母の代わりに、その被爆2世として私が、これらのことを記録に留めておきたい。そして「どんなことがあっても、戦争だけは止めよう」と伝えたい。それはやさしい母から、手のぬくもりで伝えられた私の〝A Flash of Memory〟である。

原爆のことを語ろう

「戦後は終わった」。これは1960〜70年代に7年8か月も総理大臣を務めた佐藤榮作が、1972年の沖縄返還のときに国民に語った言葉である。

ただ当時、マツダで働きはじめたばかりの26歳の私にとって、この言葉のニュアンス（真意）は伝わってこず、違和感を覚えた。

どう考えても、国民の気持ちが、時の総理大臣の一言で変わるようなことはないと思ったからである。私の実感では、本当に「もう戦後ではない」と感じはじめたのは、原爆投下の日から少なくとも半世紀（50年）を過ぎた頃からだったように思う。

日本の目覚ましい高度経済成長とともに、少しずつ潮の流れが変わるようにして世の中の風潮が変わっていった。

そしていつのまにか原爆の体験談が、少しずつ語られるようになり、いままで見たことのなかった映像や写真が公開されるようになった。

おそらく当時、人々の生活が相対的に豊かになり、心に余裕が生まれてきたからではないかと思う。それに日本政府や米国の情報統制などの無言の圧力も感じられなくなった。

原爆に対する人々の思いは、その人の立場や環境によってそれぞれ異なる。もちろんそこに、どのような感情を抱くかも自由である。

「米国はなぜ日本（広島、長崎）に原爆を投下したのだろうか？」この素朴な設問に対し、広島や長崎では次のように考える人が多い。

「米国では対日戦争を早く終結させ、戦争による犠牲者を少しでも減らす効果があったと多くの人が信じている。しかし軍事的観点からすると、すでに米国内でもその必要はなかったという専門家の証言が出ている。そういう米国の見方の根底にあったのは、かすかな人種差別、対ソ連（現ロシア）への牽制・威圧、当時のトルーマン大統領の個人的な思い、それに莫大な予算をかけて開発した原子爆弾の正当性を誇示するための実験説などがある」

実は、この種の論争はどこまで行っても決着がつかない。なぜならこれを語る人の立場（視点）がそれぞれ異なるからである。

これを大きく分類すると、原爆を投下した側からの視点、投下された側からの視点、さらに第三者からの視点の３つになる。

そして①政治的・外交的な視点②軍事的・作戦的な視点③人権・道徳的な視点④人体・環境的な視点⑤国民・市民感情的な視点⑥その他…。

こうなると、意見や見解はゆうに１００種類を超え、整理はつかなくなる。つまり永遠に決着はつかないのだ。

ただそれでも議論しないよりは、した方がいい。私の望みで書けば、それは他者を責める論争は極小にし、互いを知り合う議論をすべきだと思う。

いまでも「米国が責任を認めて謝罪しない限り、核兵器廃絶への道は開けない」と主張する人は多い。それも尤もだと思う。

その一方で、私は「謝れ！」と迫る姿勢が、どうしても次の戦争への道に繋がるような気がしてならない。つまりこのことを対決姿勢の延長戦上で語るのではなく、本来、人間が持っている大きな慈悲みたいなもので包み込んであげるのがよい。

言葉を代えれば、そのことを水に流すのではなく「事実（結果）として正視し、記録に留め、双方の心のどこかに反省の意識を持つならば、もうそれでよいのではないか」ということである。現に、米国の若者の間では、すでにそういう意識を持つ人が多い。

最近、米国で種々の意識調査が実施・報道されているが、20代、30代の若者の40％以上が「米国の原爆投下は間違っていた」と思っているという数値もある。

あなたが広島人なら、原爆の実体について「人に語れるくらいの知見」は持っておくべきだと思う。人間は思っていないこと、知らないことを他人に話すことはできないからである。

特に今のように国家間の紛争が多くなった時代に生きる人は、それなりの歴史観、思考、知識が必要である。私はいまなら、あのバーレーンの人たちにきちんとした話ができるような気がしている。

形だけの核拡散防止条約

今も昔も、国際社会というのは、理不尽なことだらけである。そして微細な風でも激しく揺れ動くことがある。かつて日本の著名な国際政治学者が、この状況を〝巨大なやじろべえ〟と表現した。

一つの支点がグラつくと、すぐに全体のバランスが崩れ、世界が不安定化する。そんな戦後の時代に、長く続いていた米国とソ連（現ロシア）の冷戦下で「世界の国々が二度と核兵器を使わないための環境作りをしよう」という機運が生まれた。

その第一歩として1968年に「核拡散防止条約」（NPT）が調印され、これが70年に発効した。それは、私がマツダに入社した2年目のことだった。唯一の被爆国である日本も1970年にこの条約に調印し、76年に批准した。

この内容は「核保有国がこれ以上増えることを防止し、当時の保有国（米・英・露3か国）が非保有国（その他53か国）に核爆発装置、核分裂物質を提供せず、非保有国もこれを取得しないことを目的とした条約」だった。

私は当時、頻繁に流されるニュースを見ながらこう思った。

「なんと理不尽でスジの通らない条約なのだろうか」

そのNPTは、発効後25年が経った1995年に効力が切れた。そのため同年に再検討会議と同条約延長に関する会議が同時に行われ、条約の無期限延長が決定した。

そういう状況下で2015年に続き、2022年にも加盟国（191か国）が国連に集まり再検討会議を開いた。しかし4週間も核軍縮、核拡散防止について議論を重ねたのに、前回（2015年）と同じく一枚の合意文書も採択できず決裂。その結果いまは事実上、形骸化の方向にある。

この頃、日本の上空に某国が発射するミサイルが定期便のように飛んできても、国民はあまり驚かなくなった。そしていまは地球上にいくつもの戦場が点在し、国際社会が再び〝核の威嚇合戦〃の様相を呈しはじめた。

この条約は、そのはじまりが核保有国側からの発想であり「自国は持つが、他国は持ってはいけない」というところが、どう考えても、平等性、正当性、論理性に欠ける。さらにＮＰＴの無期限延長の決定的な問題は「核保有国の核兵器保有を無期限に認めている」という点である。

そのＮＰＴの再延長が決まった直後と、その3か月後には非保有国だった中国が、核実験を強行。さらに同じく非保有国だったフランスも、地下核実験を南太平洋のムルロア環礁で敢行した。こうしてこの条約は、形ばかりのものになっていった。

因みに、現在、核保有国および核保有が疑われる国々は、別表①のとおりである。

別表①現在の核保有国

① NPT の核保有国	米国 フランス 英国 中国 ロシア
② NPT に批准しない核保有国	インド パキスタン 北朝鮮
③核保有が確実と思われる国	イスラエル
④核開発が疑われている国	イラン シリア ミャンマー

＊①はすべて国連安保理の常任理事国

核兵器禁止条約の採択

こういう状況のまま、時間だけが流れた。しかし21世紀に入ってから、世界中のすべての国々を平等に扱い、非核化に向けて行動を起こすための国際条約が必要だという非核保有国グループの真っ当な声が、雪だるまのように大きくなっていった。

そして2017年7月。ついに国連本部で「核兵器禁止条約」が世界122か国・地域が賛成して採択された。そのとき生きている被爆者たちは、ようやく未来に〝明るい灯〟のようなものを感じた。これがもちろん、良識ある人間の行動である。

しかしこの条約に関し、世界で唯一の被爆国・日本が信じられない行動をとり、世界を驚かせる。そのことを知ったとき、私は率直に国民の一人として恥ずかしく思った。また実際に家族が被災した広島市民の一人として、腹立たしかった。

これはいまこそ必要な認識だが、日本は世界で唯一の被爆国であり、最も信頼されている国の一つ（第5章で詳述）である。そのため世界で「日本の言うことなら、話を聴いてみよう」と思っている人は多い。その日本政府は、いったい何を考えているのだろうか？

この条約は、すべての国の核兵器の開発、保有、使用、威嚇などを一切禁止する世界初の国際条約である。それなのに、そのとき日本政府は、こともあろうに「棄権」の道を選んだのである。もちろんそこに未来を背負って立つ子どもたちに、胸を張って語れるようなものは何一つない。

日本の代表団デスクに置かれた折鶴の傍に、そっと置いてあった「テーブルに戻って！」というメモが、いまでも強く印象に残っている。

さらに第1回（オーストリア）、第2回（米ニューヨーク）の締結国会議にも日本政府は欠席した。せめてオブザーバー参加を…という良識ある大多数の人たちの願いも空しく、これに全く応じなかったのである。

オー、ノー。これは人間が「bon sens」（仏語）を失ったときの行動である。つまり日本政府はこの件に関し、健全な判断を行う能力を完全に失っているのだ。言葉を代えれば、とりあえず何も考えない「現状維持」「思考停止」の状態である。そして、その状態はいまでも続いている。

何よりも、原爆を投下した米国の顔色を伺い過ぎて、肝心の自国民である被爆者の声（後述）を無視し、世界の非核保有国から信用を失いつつある点が一番大きな痛手だった。

さらに思う。日本政府の人たちは、同じ日本人として「計らずも命を落としてしまった被爆者の心情」をどのように理解しているのだろうか。もちろんそれがどんな状況（内容）であっても、正面から堂々と対話することを拒否する政府なんか、とても信用できない。

この件について小さな進展はあった。２０２４年10月に行われた第50回衆院選で「締結国会議へのオブザーバー参加」が争点の一つになった。それは明らかに10月に発表されていた日本被団協へのノーベル平和賞授与の影響だった。

そのとき与党の公明党をはじめ、野党のすべてがオブザーバー参加へ前向きの姿勢を表明した。しかし自民党だけがその議論を避けた。地方の議員まで一律にノーコメントだったので、おそらく本部で統制していたのだと思う。さらに残念だったのは、与党の大敗で終わった選挙後に、争点だったオブザーバー参加が積極的に語られなかったことである。

核の傘

広島人なら被爆者であったとしても、そうでない人であったとしても、ここに至るまでの経緯や背景については、凡そ知っておいてほしい。

第2回会議にオブザーバーとして出席した被爆者の広島県原爆被害者団体協議会（広島県被団協）の箕牧智之理事長は、現地（ニューヨーク）で、広島弁丸出しでこうつぶやいた。

「原爆を禁止しようという会議に日本が参加せんことを、ワシは子どもらにどう説明したらええんかいのう」

日本政府の発想は、戦後にはじまった冷戦時代に、米国とソ連（現ロシア）の二大陣営の対立構造のなかから生まれた。その頃、綱渡りのような危うい軍事バランスの上で、まるで目に見えない絵を描くように「核の傘」という考え方に辿り着いたのである。

日本は米国の圧倒的ともいえる「核の傘」のなかに入り、日米安全保障条約を盾にし、再び核攻撃を受けそうになったときには、その核の反撃力あるいは抑止力で守ってもらうという考え方である。

つまり米国に核を保有してもらうことによって、自国の安全を守ってもらうという楽観的な幻想のような枠組のなかにいる。その核を保有し、相手国に核を使わせないようプレッシャーをかける力のことを「核の抑止力」と呼んでいる。

こう考えると、たとえ日本が世界で唯一の被爆国であっても、米国の許可なく核兵器の開発、保有、使用を禁止する条約なんかに署名するわけにはいかない…という発想から抜け出せない。これが日本政府のいまの立ち位置である。

もちろん「核の抑止力」に頼る限り、世界は核軍縮どころか、核拡散の方向に進む。つまりどの国も「核を持つか、核を持つ国のグループに入るか」のどちらかを選択しない限り、生き延びることができない、ということになるのだ。日本政府は、結果的にその形（乗合システム）を力強く後押ししている。

言葉を代えて、もう一度書く。「核兵器を使用させないために、核兵器が必要だ」という核抑止論は、結果的に核攻撃の応酬を推奨するだけである。これがいけないことだということは、子どもでも分かる。いやこの際、子どもなら分かる（後述）と言った方がいいかもしれない。

それでも時々、日本政府の真しやかな主張を耳にすることがある。それは…。

「日本は、核保有国と非核保有国の橋渡し役を果たしたい」

日本政府は何も語らないで一体、どうやって橋渡し役を果たすのだろうか。2024年3月。ようやく日本は安保理・非常任理事国（議長国）として国連本部に主要国の閣僚級を招集し「核軍縮・不拡散をテーマにした会議」を主催した。

しかしその会議の成果は乏しく、むしろロシアが「西側の圧力によって核兵器の使用を検討せざるをえなくなった」と暗に主張する場になった。ただ日本政府が「何もしない」から「何かする」のポーズをとったことだけは評価できる。もし間違っていても、何もしないよりはましだからである。

しかしそれでも思う。たとえそういう行動を起こしたとしても、その前年に100か国近くが参加した「核兵器禁止条約」の締結国会議に、オブザーバー参加しなかったことへの理由づけ（言い訳）にはならない。

被爆国である日本の立場はいついかなるときでも、ありとあらゆる機会を通し、堂々と正面からその思いを発信すべきだからである。

さらば核抑止論

「核兵器が人間を亡ぼすか、核兵器をなくし、人間が生き残るか」。いまほど、この二者択一の道を実感するときはない。あまり書きたくない話だが、私は次のように考えている。もし近い将来、人類が滅びるとしたら以下の①〜④が考えられる。

①巨大な隕石の衝突などで地球が破壊されたとき。また太陽系の異変（巨大フレアなど）。これに気候変動や天変地異のような火山噴火、地震（地割れ）、津波、自然火災などが含まれる。

②ウイルス・細菌などによる人体の侵食。つまり人類が、最新の医学をもってしても対抗しえないような疫病、難病の蔓延。

③原子爆弾、大量破壊兵器、殺人ロボットなどを駆使したハイテク世界戦争、テロ。これに原子力発電所の大事故も含む。

④前記の組み合わせを含む、その他。

いまの世の中では、①〜④のどの可能性も否定できない。ただ人間としてどうにもならない問題と、なんとかなる問題に分かれる。

まず①は、人間の環境破壊（ＣＯ２排出）などによる気候変動などを除けば、人間の叡智だけで防ぐことはできない。もしそうなると、皆で他の惑星に移住するしかない。

２０１９年からの世界的パンデミック（新型コロナウイルス）で人類が疑似体験したような②も同じことがいえる。この際、人々は人間万能主義が崩壊していくことに気付く。そしてその結末は、諦めがつきやすい。

ただ③だけは、性質が全く異なる。人類の行く末をしっかり見据えた人たち（特に国のリーダーたち）がいれば、その方向に進むことが避けられるからである。

時々「原子力発電は平和利用だから」という人に出会う。この話は、目的が戦争か平和かという問題ではない。ひとたび判断（操作）を誤ると、またテロ攻撃などを受けたりすると、人類が取り返しのつかない〝存亡の危機〟に陥ることが問題なのである。ここに「地域の経済問題」などを絡めて語る人がいるが、これはもう論外である。

ただ、人知れずいつのまにか決まってしまった日本の原発推進の責任は、各電力会社にはない。国が原発を国策として推進する限り、各電力会社はこれに従うしか、生きていく術がないからである。

もちろん世界のすべての人たちが、みんな同じ考え方でまとまるようなことはない。しかしたとえそうであったとしても、話し合いを重ねれば、人類共通の益（生存）に気付かない人なんていない。この際、殊のほか大切になるのは、世界各国の為政者たちの資質や考え方である。

いまなら世界の主要国（核保有国）のリーダーたちの誰かが、核廃絶を訴え、具体的な行動を起こせば、その人は人類史上の英雄になれる。しかし皆がこぞって、そのことを拒否しているような状況が不思議でならない。

弱者のロジック（普遍性）

国際社会の対立構造のなかで政治的に結ばれた「核拡散防止条約（ＮＰＴ）」が、核軍縮の成果が生み出しにくい状況になっていることはすでに述べた。その根底に横たわっていたのは、そこに強者のロジックが貫かれていたことだったと思う。つまり「非核保有国は、保有国に従え」ということである。

一方で、人類共通の願いを素直に実現しようとする「核兵器禁止条約」の意味（価値）は年々高まりつつある。その根本の訳は、ベースに弱者のロジックが敷かれていることである。そのため条約の内容が、普遍的である。

この条約と締結国会議に、いまはわずかでも小さな希望が持てるのは、遠くにある理想（核軍縮）に対し、具体的に一歩ずつステップが設定されはじめたことに起因している。

その第2回締結国会議では、①核抑止からの脱却に向けた論理の方向性を示し、②核被害者支援の基金設立への協議をいっそう深めた。この2点は大きな一歩である。

まずは、真しやかに核抑止論を唱える国（人たち）に対し、第3回会議では「核抑止論を科学的・論理的に否定し、核兵器の存在が引き起こす安全保障上の懸念を証明する」ことにしている。

そのため科学諮問グループが具体的な活動を開始した。

そしてもう一つは、締結国会議が目指す「核被害者支援と被害地域の環境回復に向けた国際的な信託基金の設立」である。第3回会議（2025年3月予定 国連本部）では、その設立のための議論を優先する予定が組まれている。

これは世界各地に点在する被爆者や被災地（後述）に対し、人類全体でしっかりとした補償を行おうとするものである。

核兵器が使われないために、国際社会でそういう形（核に頼らない抑止力）を整えることは、これから核ボタンを押すかもしれない人たちへの心理的な抑止力にもなる。この条約の締結国会議には、不退転の姿勢があるのだ。

現在、実際に核保有国と非核保有国との橋渡し役を担っているのは、米国の「核の傘」に依存しながら、第2回締結国会議にオブザーバー参加したオーストラリア、ドイツ、ノルウェー、ベルギーの4か国である。元来、その役割を果たすべき被爆国・日本は、スジ違いの掛け声だけが空しく響くばかりである。

この状況のなかで、広島人として忘れてはいけない言葉がある。それは2021年に亡くなった前広島県被団協の理事長・坪井直さんが、口癖のように唱えていた言葉である。

「ネバー・ギブアップ！」

平凡な言葉に聞こえるかもしれないが、もし私たちがこの気持ちを捨ててしまったら、人類は自滅の方向に進んでいく可能性もある。私のセンスで書かせて頂くなら、そのことを深刻に考えない人たちが世界中にたくさんいることの方が、信じられないのである。

世界のヒバクシャ

こういう世界情勢のなかで、広島市民（県民）として知っておくべきことは、第1回、第2回の締結国会議に被爆者の代表、被爆証言を伝承しようとする若者たちの代表、それに県知事、市長など（長崎も同じ）がオブザーバー参加し、積極的に意見を述べたことである。彼らの意見は、当事者の言葉・考えとして、殊のほか重かったと思う。

さらに私たちが知っておきたいのは、被爆者はヒロシマ、ナガサキにいるだけではないということである。世界各地の核実験は過去に2000回以上も行われ、その都度、周辺に少なからぬ放射性物質を排出してきた。そのため〝被爆者〟という単語は、その発音のまま慣用的に英語化(hibakusha)され、世界中で使われている。

現に第2回会議では、英国の核実験で被害を受けたオーストラリア先住民・アボリジニの代表がその現状を訴えるスピーチをした。

英国が断行したオーストラリア内陸部の実験跡地では、いまでも広く高いフェンスが築かれたままで、人間の侵入を拒んでいる。そして、いまなおそこから微量の放射性物質を流出させ続けている。

他に被爆者はマーシャル諸島など、海洋の島々にも多数いる。これらの人たちは、広島、長崎の人たちとは区別し「グローバル・ヒバクシャ」と呼ばれることもある。

知っておこう。これからも続くかもしれない核実験は、周囲の環境に甚大な悪影響を与えている。例えば、米国が1946~58年に67回も核実験を繰り返した中部太平洋のマーシャル諸島（ビキニ、エニウェトク環礁）では、放射性物質を含む「死の灰」が降り注いだ地域の住民と子孫たちが、いまも故郷に帰れない。

また近くで操業中だった日本のマグロ漁船第五福竜丸の乗組員も被爆し、無線長の久保山愛吉さん（当時40歳）は半年後に亡くなった。

その後、カナダで25年前に公開されたドキュメンタリー映画「寡婦たちの村」は、2023年に広島で初めて上映された。その舞台は、原爆に使われたウラン鉱山に近いカナダ北西部の村である。

1940年からそこで採掘に駆り出された先住民・デネー人の男性の多くが、数年後にがんでこの世を去った。この映画では、家族を含めて危険性を知らされず、採掘に伴う放射性廃棄物がそのまま放置されていると訴えている。

これらをまとめると、核被害地はヒロシマ、ナガサキだけでなく、他にも核実験、ウラン採掘、原発事故などで放射性廃棄物の影響を受けた地域が、世界中にあるのだ。

このかけがえのない地球上のあちこちに、こういう場所があるということは、国連主導で推進する「ＳＤＧｓ」の観点からも受け入れ難い。

つまり核兵器の本当の恐ろしさは、それが使われたときの想像を絶する甚大な被害だけでなく、このかけがえのない地球を、まるで地面に水が染み込んでいくみたいに汚染し続けていることなのである。

そういう意味で、人類にとって原子力用の「核物質」は、この世に存在してはいけない〝絶対悪〟なのである。

ヒロシマの〝変える力〟

この章の最後に、広島に住む人たちの根源的な役割について書いておきたい。読者は、核兵器禁止条約の前文に「ヒバクシャの受け入れがたい苦しみを気に留め…」という文章が記載されているのをご存知だろうか。

前述の映画「寡婦たちの村」のピーター・ブロウ監督は、カナダの被害者たちが広島市を訪れるシーンを撮ったことに対し、こう語っている。

「被爆地には、事態を変える連帯の力がある」

被爆から80年。いま頃になって、一つの国際条約をあまねく世界の国々の約束事にしようという機運が生まれたのは、ヒロシマ、ナガサキの被爆者の存在が、その原点にあったからである。

そして核兵器の使用はもちろん、その実験などによる被災者への支援もまた、他の国々を含めた人類の責務でなければならないのだ。

つまりこれからの国際社会は、ごく一部の愚かな人間（国家）のために多大な苦しみを受ける人類全体が、責任を分かち合わなければならないのだ。

核軍縮が停滞した世界情勢のなかで、ようやく核兵器を持たないオーストラリアなどの非政府組織（NGO）の主導で「核兵器禁止条約」が生まれた。

そのNGO組織「核兵器廃絶国際キャンペーン」（ICAN）は、2017年にノーベル平和賞を受賞した。その国際運営委員の川崎哲さんはこう語る。

「戦争が広がり、核の危機が高まっている今こそ、被爆者の声に耳を傾け、市民と国家が協力して、世界が進むべき道をはっきり示さなければならない」

広島に住む被爆2世として、特に広島の人々に伝えたい。

「広島の人たちは、それを知っていても知っていなくても、核兵器から人類を守るための大切なキャスティングボードを握っている。その言葉、行動、態度によって、いつの日か世界を動かすことができるかもしれない」

この世に生を受け、こういう境遇で生まれ育った人々は、この広い世界のどこにもいない。せっかく天のご加護を受けて生き延びてきたのだから、私たちはもっとそのことを心の中心に据えたい。そのためには、もっと学ぼう。もっと語ろう。そしてもっと行動しよう。そう、あの言葉を忘れないで…。

「ネバー、ギブアップ！」

被爆地となった自宅の片隅で静かに佇んでいたあの栗の巨木と一緒に、天国に旅立った母にも伝えたい。

「広島は…いや日本は、ようやく何でも話せる国になったよ。もうすぐ私もそちらに行くので、それまでどうか安らかに…」

そしてもう一つ。あのとき（母の他界）は、あまりに急な出来事だったので、生前に言えなかったことがある。

「母さん、戦後の辛く苦しい世の中で、私を育ててくれてありがとう！」

人間なら誰でもそうだと思うが、子どもの頃に体に沁み込んだ「母の匂い」は、いまでも私の生きる力である。

第3章

平和を創る若い力

若い人には
〝夢をみる力〟がある

大学での迫ゼミ風景（2007年）

私は地元大学の教員として、8年間、教壇に立ち「マーケティング論」「ブランド戦略論」「国際ビジネス文化論」などを担当した。

思い起こすに、広い教室で一方的に話す専門的な講義よりも、圧倒的に面白く自分も学ばせてもらったのは、研究室でゼミ生と一緒に対話を重ねた2~4年生の「社会学ゼミナール」だった。

そのゼミナール（週1回）は、先生によっていろいろな進め方があったが、私の場合は毎週、その週を担当する学生が「いま社会で起きていることのなかで、一番問題だと感じていること」について自分の意見を発表し、それを全員で考えて討論するというスタイルだった。

もちろん討論のための資料は、新聞・雑誌などの切り抜きが多かったが、担当する学生がすべて用意した。

ある日のこと。一人の学生が「中国の海洋進出」について発表した。ゼミ生12名のなかに中国人留学生2名が含まれていたので、私は少し身構えた。もちろんその2人は、見識ある優秀な留学生だった。理由は凡そ見当はついたが、2人はこのワイガヤ議論に積極的には加わらなかった。話を振られても、上手にかわしたと言ってもよい。

そのとき一人の男子学生がつぶやいた一言が、その後、波紋を広げた。

「イザとなったら、オレも戦う」

彼はもし日本の南の島に他国が侵入してきたら、武器を持って戦いに行くというのである。ここで私は、大切な教員の責務に直面した。「オレも行くかもしれない」「武力で争うことは止めた方がいい」…。学生たちの率直な思いが直に伝わってきた。もちろんその日のゼミ時間には限りがあった。そのときは「次週も同じテーマで…」ということになった。

もちろん学生たちがどういう考え方を持って、どう行動するかは自由であり、尊重されなければならない。ただ無知（知らなかった）という理由だけで、将来、尊い命を落とすようなことがあってはならない。

本当の恐ろしさ（数字の意味）

ご存知だろうか。1937年の日中戦争以降、日本の軍人、民間人を合わせた戦争による死者は約310万人を数える。

その数字は、現在の広島県の人口（約280万人）を上回る。もちろんこれは計算上の話だが、一つの県の全員がいなくなったと考えるとゾッとする。その一人ひとりに両親や友人がいて、数え切れないほどの物語（人生）があるからだ。

読者は、想像したことがあるだろうか。戦場での出来事がいかに残酷なものであるかについては、生きている人たちではなかなか頭に思い浮かべることができない。なぜなら戦争の悲惨さをリアルに語れる戦死者は、もう何も話せないからである。

戦場で生身の人間が互いに殺し合うというのは、実際には誰がどう語っても、いま生きている人たちの想像では受け止めることができない。つまり軽々にそういうことを口に出せるような話ではないのだ。

広島の原爆資料館。来場者が最初に足を止める冒頭展示が、被爆時の広島市内のパノラマ模型である。そこで次のような文字が映写される。

「死者約14万人　１９４５年の終わりまで…」

来場者は「まあ、そんなに…」と数字の大きさに驚く。しかしどんなに驚いても、その本質にはなかなか迫れない。私自身、何度も話を聴き、何度も報道に接し、何度も考え思いを巡らせたが、その悲惨さはそれらをはるかに超越している。

元広島市長の平岡敬の著書『君たちは平和をどう守るのか』（南々社）のなかに、こういう文章がある。それは彼が中国新聞の記者時代に被爆者を取材したときの話である。

「福島町のアパートに住む70歳代初めの女性は、『ゲンバク？今になって何をとぼけたことをいうのか！亭主も殺されたし、わしも死にかけとらあ。何を言うてもどうにもなるもんかい。疲れるだけよ』と叫び、反対を向いてごろりと横になったきり、それ以上、口をきこうともしませんでした」

さらにこういう一文もあった。

「苦しみにのたうち回るある被爆者からは、『あんたの書いたようなもんじゃない』『ピカのことは、実際に遭うたもんじゃないとわからん』と、よく言われました。そして、自分の苦しみや思いが伝わらないもどかしさに、『もう一遍、原爆が落ちりゃあ、わかるんよ』とか『原爆をアメリカに落としてやりたい』とか言い放ち、私に怒りをぶつけてくることもありました」

これが偽りのない本当の声だと思う。万の言葉を尽くしたとしても、原爆の本当の恐ろしさは正確には伝わらない。

平岡は、この点について広島市長として、1995年の国際司法裁判所（オランダ・ハーグ）法廷での口頭陳述でこう述べている。

「被爆の惨状は人間の表現能力や想造力を超えた、非人間的なものであった」

叔父の写真

以前、爆心地近くに住んでいた私の大先輩の話である。彼は被爆直後に、まだ世界遺産になっていなかった原爆ドームのなかに入り、ガレキを集めて遊んでいた。

この情景は、戦争の悲惨さを伝えた名作『禁じられた遊び』の一コマではないか。この映画が世界中の人々の心を打ったのは、子どもの無垢（無知）な行為が、戦争の哀しさ、切なさを増幅させたからである。

戦没者＝約３１０万人という数字のなかには、一人として同じ人間はいない。本当は〝約〟などという表現はもってのほかなのだが、戦争の歴史（記録）とかけ離れたところに、一人ひとりの哀しくも切ない物語がある。

別表②世界の主な戦争の死者数

主な戦争	期間	死者数（約）
第一次世界大戦	1914 〜 18	853 万人
第二次世界大戦	1939 〜 45	3544 万人
朝鮮戦争	1950 〜 53	452 万人
ベトナム戦争	1960 〜 73	302 万人

＊米国は上記戦争のすべてに関わっている

参考までに、20世紀に入ってからの主な世界戦争の死者数を、別表②にまとめてみた。日本の戦没者の大多数は、その表の第二次世界大戦の数字のなかに含まれている。

日本中にこの数字に関係のある人がいる。実は、私の叔父（父の弟）も約３５４４万人のうちの一人だった。

叔父は１９４５年に22歳の若さで、戦場で片足を失った。その後、内地に送還される途中で命が尽き、その亡骸が船で下関港まで運び込まれた。この亡骸を引き取りに行った父は、一度だけ私にそのときの話をしてくれた。

しかし父は、話の肝心なところで嗚咽し、あとは言葉にならなかった。

そのため、私はそれ以上の話を聴いていない。

父の写真アルバムのなかに、叔父の子どもの頃から青年に至るまでのモノクロ写真が、数枚残っている。その1枚に、凛々しく軍服姿で身を固めた叔父の姿がある。その帽子に刺繍された「横須賀海兵隊」の文字を見ると、いまでも切なくなる。

誰でも、いまさら〝タラレバ〟は語れない。しかし、もし叔父が生きていたとしたら、年齢が相対的に近いせいもあって、私の人生と何らかの関わりがあったはずである。そのことを想うと、人生の無常の流れ（虚しさ）を感じざるを得ない。

さらに世は皮肉なもので、その後、叔父の遺族年金を受け取る人が全員亡くなり、写真でしか見たことのない叔父の特別遺族年金を、私が受け取ることになった。

優しそうできりっとした、おそらく親族のなかで一番の美青年の写真は、2013年に我が家を建て替えるまで、祖先の遺影とともに仏間に長く掲げられていた。その端正な顔立ちが、いまでも時々瞼に浮かぶ。

私は物心ついてからこの方、両親の墓の隣に凛として建つ叔父の墓前に手を合わせることを忘れたことはない。

平和の４つの法則

学生とのゼミナール（2回目）の話に戻ろう。テーマは「隣国同士の領土をめぐる争いはどう解決したらよいのか？」というステージに発展した。

この週の学生たちは、少しヒートアップした前週に比べ、どことなく冷静で落ち着いて見えた。この一週間で、ゼミ生が少し大人になったような気もした。あの「オレも戦う」と意気込んでいた学生も、神妙に意見を述べた。

話し合いが堂々巡りになりはじめた頃、私は、いつもの「とっておきの手」を繰り出した。それは、議論がまとまりにくくなったときによく使う手だった。

「では、そういうことが起きないためにどうしたらいいのか、みんなで話し合って、間違っていても未完成であってもいいので、文章（メモ）にまとめてもらいたい」

もちろん私も、時々口をはさんだ。こうなると、ほとんど語らなかったあの留学生2人も、少し意見を言うようになった。

このときの私の手元メモ（ノート）は、いまでも大切に保管している。殴り書きなので、何を書いているのか分からないところもあるが、そのなかに何やら少し異質な文字を見つけた。

それは「平和の法則」という文字だった。彼らがまとめたメモ（1枚のシート）はどうしても見つからなかったが、凡そ次のような内容だったと思う。以下に、彼らが考えた「平和の法則」のポイント（箇条書き）を紹介する。

①国家間で人々の往来を頻繁に行う（国家間の壁を低くする）
②外交的交流だけでなく、スポーツ、文化交流も盛んにする
③お互いの国を経済的に〝豊か〟にする（領土拡大の意義を小さくする）
④相互の接触（行く、招く）を絶やさず、対話を重ね、決して諦めない

ゼミ生たちは「争い事、戦争というのは、前記①〜④が途絶えたときに起きる」という結論を導き出した。この4つの法則は「話し合う」ことの大切さを示唆している。

参考までに、ドイツとフランスは1963年のエリゼ条約で、首相同士が年に1、2回、直接顔を合わせて対話することを義務づけている。これは攻めたり、攻められたりした過去の歴史の二の舞を踏まないための賢いやり方の一つである。

しかし、それだけでは十分といえない。特に争い事とあまり関係ないと思われる、やや異質な②と③が大切になる。

つまり経済的な豊かさのほかに、文化的、精神的な豊かさも含まれなければならないのである。その欠如が、相手のことを考えない一方的な行動に繋がるからである。

今に例えるなら、日本のアニメやコスプレで盛り上がる国は、どこか互いに安心できるところがある。このアプローチはいかにも若者らしかった。

うまくいってもいかなくても、学生たちが考え出した4つの法則が、平和へ向かう道を創り出すというのは、なんとなく分かる。ともかくこれらを学生たちが考えて文章にまとめたことに大きな意義があった。

実は、学生たちの4年間で私が一番成長を実感したのは、彼らの「話し合いによる人格形成」だった。彼らは、このゼミナールで最も合理的なコミュニケーション術を習得したように思う。

このとき2週間に及んだゼミ生とのやりとりは、やがて私の大学での「さよなら講義」に繋がっていく。

さよなら講義

2013年2月。私は大学の袋町キャンパス（中区袋町）にあった教室で、一般市民も対象にした「さよなら講義」をやらせてもらった。

「さよなら講義」というのは、大学の先生が退官するときに行う記念の講義みたいなもので、特に最後に伝えておきたいことを話すような意味合いもある。

通常、大学の大講義室で行われることが多いが、なかには研究分野の企業などに赴いて行われることもある。

私の場合は、当時、広島市の中心部にあったサテライトキャンパス（袋町）で、学生たちだけでなく職員や一般市民まで招いた。そのときのテーマについて、私はこう考えた。

「いま社会で一番語ることが難しいテーマについて講義してみたい」

この発想は、私が自分に課した「社会学ゼミナール」だった。そこで思いついたのが、あのとき学生たちと一緒に考え、議論を重ねたテーマだった。公開された講義名は「尖閣問題と日本人の国際感覚」。意図的に「尖閣」という文字を入れた。

教室は約180名の学生、職員、一般市民で席が埋まった。後方の席にあのときのゼミ生数人の顔が見えた。そのなかに、2人の中国人留学生もいた。また一般市民のなかには、当時コメンテーターを務めていた地元テレビ局の方々（番組プロデューサーなど）の顔もあった。

そのときの講義メモは、いまも私の手元に残っている。それは「国際ビジネス文化論」の最後の講義ファイルのなかから見つかった。いつもはA4・1枚の箇条書きなのに、12ページにも及ぶものだった。それでも私は、そのときの講義内容をあまり覚えていない。私は、ずっと2人の中国人留学生の気持ちを思い浮かべながら話していた。

話のポイントの一つは、こうだった。当時も今も、両国間に横たわっているのは訳の分からない思惑と忖度である。お互いにジッと相手の出方を観察しながら、まるで子どもみたいな〝嫌がらせ〟を繰り返し、自国のペースに持ち込もうとしている。これが両国間のストレスになっている。

近年の歴史で語れば、2012年に東京都知事だった石原慎太郎が、尖閣諸島を東京都が所有し、石垣島から漁に出かける漁民のための港湾施設（船溜め）を建設しようとしたことがあった。このことに殊のほか驚いたのは中国政府ではなく、日本政府の方だった。

当時の野田佳彦首相は、日中間に波風を立てないよう尖閣諸島を国有化し、再び持久戦へと持ち込んだ。しかしあのとき何も話さない、何も行動を起こさないことによって、中国に〝力による原状変更〟への隙を作ってしまったのだ。

そのときの私の話が、的を射ていたのか、あるいはそうではなかったのかは分からない。ただ講義を終えた瞬間に、万雷の拍手が起きた。そこにはいままでの講義では味わえない達成感があった。

それは学生たちと一緒に考えた4つの平和の法則が、一般市民にも受け入れられた瞬間だったように思う。後日のこと。ある大学の偉い方からリクエストがあった。

「私は別の用事があって、あなたの講義を聴くことができなかった。その話をもう一度、聴かせてもらえないだろうか」

私はそのことが嫌だったわけではない。また特に忙しかったわけでもない。しかし丁寧に断らざるをえなかった。

なぜなら私は、もう二度と同じ話ができないと思ったからである。考えてみると、話には必ず相手がいる。そして状況が違う。もっと言えば、場の雰囲気も違う。つまり、同じ状況は二度とやってこないのだ。あれは、あの日あの時、一瞬の刻をかけて全身全霊で行った講義だったのである。

私は思う。外交、交渉、対話というのは、そうするための環境が大切である。環境さえ整えば、自然に話はそういう方向に進みはじめる。環境を整え、話をはじめなければ、その可能性さえ生まれない。

その際、心は常に柔軟に…。できれば目の前に話の対象になる当事者がいると思って話すことである。特に留意したいのは、正論（言葉）だけで相手を問い詰めると、むしろ解決を遠のかせることがあるということである。

第2章で書いた「核兵器禁止条約」も、おそらく5～10年をかけて、ゆっくりと手順を踏んで方向付けをしていくことになると思う。あのときの学生たちの4つの法則は、いまでも私の心のなかにある。

自民党への講演

これからの日本を創っていくのは、間違いなく〝若い人の力〟である。特に政治家の場合は、民間と同じように、ごく一部のケースを除けば、65歳くらいまでを定年とするのが妥当であろう。また国のリーダーになる人は、50歳代までにその地位に就くのが望ましい。

2024年9月に行われた自民党の総裁選挙。実に史上最多の9人が立候補した。若手の小林鷹之（49歳）、小泉進次郎（43歳）の一騎打ちも予想されたが、まるで様相が違っていた。国民が一番関心を持っていた「政治とカネ」の問題にきちんと筋道をつけようという候補者は一人もおらず、選挙の終盤に至っては、候補者はこぞって「カネの流れ」の元凶とされた旧派閥トップに票集めを求めるという行動に出た。

言うまでもなく、自民党の総裁候補というのは、いかに理想に燃え、いかに国民に将来への指針を示せるかが問われている。その種の言葉を発したのは、小林鷹之の「もう一度、日本を世界の中心に立たせたい」のみだった。

あれは民主党政権が誕生した2009年のことだった。研究室に若い広島市議が訪ねてこられた。話を聞けば、広島で全国17の政令指定都市の自民党若手市議（45歳以下）の総会が開催されるというので、その場で講演してほしいというものだった。

なぜ私が？と思ったが、聴く人が若い議員で、どこか面白そうだったので引き受けた。会場は広島全日空ホテル（現ＡＮＡクラウンプラザホテル広島）。大きな宴会場に全国から３００人を超える自民党市議が集まった。

講演の内容は、意図的に自民党の悪いところを面白おかしく誇張するスタイルで構成した。〝よいしょ〟の話をしたら、講演にならないと思ったからである。例えば、国の形（体制）についてはこうである。

「隣の中国は、正式に言えば〝中華人民共和国〟、韓国は〝大韓民国〟、ベトナムは〝ベトナム社会主義共和国〟、タイは〝タイ王国〟です。いまの日本は〝日本官僚社会主義共和国〟というのがふさわしいでしょう」

その頃は、政治家の力が弱体化し、やたら官僚主導の政策が目立っていたからである。その根底には、若い党員の自由な発想や発言が抑えられ、経験豊かな高齢の政治家だけが官僚の意向に沿って、国の舵取りをするような風潮があった。

その結果、自由民主党の〝自由〟とは名ばかりで、まるで社会主義体制のようになっていた。ところが民主党政権の〝政治主導〟も空回り。その後、復活してきた自民党も国民目線を失ったまま、話し合いもなくモノゴトが安易に決められていく体質になった。

いま話題の「マイナンバーカード」などは、その象徴ではないかと思う。任意と謳いながら、いつのまにか国民健康保険証と一体化してしまうのは、どこか空恐ろしいところがある。

話を元に戻す。この講演で一番ウケたのは、政治用語（特に自民党用語）を解説するときだった。例えば、政治家がピンチに立つと決まって連発する言葉がある。

「記憶にございません」

「発言は差し控えさせて頂きます」

この2つを一般用語に訳すと、「やりましたが、いまは口に出して言えません」という意味である。また次のような言い回しも、政治家特有のものである。

「その件については、いかがなものかと思います」

この「いかがなものか」という表現は、本来、判断が難しいときに自問自答するときの言葉である。しかしこの言葉に接したら、「強く反対します」という風に解釈しなければならないのだ。また「粛々と…」や「淡々と…」という言葉は、「反対する人の意見は無視します」という強い宣言になる。

この流れで解説していくと、「検討します」は「近いうちにはやりません」。「しっかりと…」というのは、むしろ「やらないとき」に多く発せられ、なぐさめの言葉のように聞こえる。つまり「しっかりとやる」と言われると、期待は持てないのである。

その後、〝聞く力〟を売り物にして登場してきた岸田文雄内閣総理大臣によって、また新しい用語（言い回し）が生まれた。

「その件については、引き続き〝丁寧に説明〟していきたい」

これは「もう関係者と話し合っても折り合いはつかないので、この言葉を呪文のように唱えながら、強引に進めさせて頂く」という意味である。

ともあれ無垢な子どもたちに対し、政治用語は絶対に使ってはいけない。私たちが拠って立つところの国語が分からなくなるからである。

それらは、例えば奥さんに好ましくないこと（浮気など）がばれそうになったときには、一時的に機能するかもしれない。

「記憶にございません」

うまい答えを思いつくまでに少々時間がかかるときには、時間稼ぎの言葉も用意されている。

「よく精査して、お答えいたします」

２０２３年。自民党派閥のパーティ券のキックバック（裏金）問題が発覚したとき、久しぶりに永田町に顔を出した田中真紀子（元議員）がこう言い放った。

「政治家が発言を差し控えてどうするんですか。差し控えるなら、議員になることを差し控えなさい！」

どこかスカッとするような発言だった。

私の講演でもう一つ、印象に残っていることがある。それは私が「民主党の弱点」について語りはじめたときだった。想定外の大きな拍手。さらにいたるところから威勢のいい掛け声が飛んできた。

「そうだ、そうだ!」

まるで国会のヤジを聞くようだった。そのとき思ったのは「若い議員たちはみな真面目で本気だ」ということだった。そういうエネルギーは貴重である。

講演の締めとして、「自民党はどこの誰に何を訴えているのか?」という話をした。一般論として自民党の支持層というのは、大企業、富裕層、地主などの保守層…と比較的、高齢者が多かった。ただこれでは時代遅れ…という話である。

そのとき私は、本当のターゲットは、当時、まだ選挙権を持っていなかった未成年の若者たちだと話した。いくつかの根拠を挙げたが、この論調はこの章で書いていることと同じである。

未来を創るのは間違いなく、若者たちである。その若者たちに支持されなければ、自民党はいつまで経っても生まれ変われない。もちろんいまでも、強くそう思っている。

女性の力

この講演のあとの話である。大学ではとてもお目にかかれないような豪華メニューの懇親パーティ（同会場）に招かれた。講演した人というだけで、大きな中央テーブルで貴賓扱いされたのだ。

ふと思ったのは、多くの人が、私のことをよほどの大物と勘違いしてしまったのではないか、ということだった。そのためか、若手議員のすさまじいばかりの売り込みアプローチ（自己ＰＲ）を受けた。

その間、ほとんど目の前にある料理は口にすることができず、ひたすら次々と名刺を差し出してくる市議たちと立ち話をすることになった。

なかには長い話をする人もいたので、自然、後ろに行列が見えるようなときもあった。あのとき立ち話をさせてもらった人は、あとで名刺を数えてみると31人に及んだ。

このエネルギーはすごい。ひょっとしたら、ここで列を作るような人たちに自民党を任せたら、良い方向に進むのではないか…とも思った。改革する力、前に進める力というのは、やはり国会で眠っている人たちよりも、若い人たちの方が優れている。

これらの人たちはいま、国会議員にコマを進めた人。ベテラン市議になった人。政治の世界から去った人。さまざまだと思うが、なかに忘れられない人がいた。

それは当時、新潟市議で、メディアで〝美しすぎる市議〟というキャッチフレーズを付けられ話題を集めていた女性だった。彼女の感想コメントが特別だったので、いまでもその会話シーンを覚えている。

「先生の講演は、これまで数えきれないほどの講演を聴いてきましたが、間違いなくナンバーワンでした」

そのときは辛口の講演で、まるで落語を聴いているみたいに笑えたからだと思った。彼女の名前（選挙名）は「金子めぐみ」（現本名、宮崎恵美）だった。名刺の中央に可愛いらしい全身イラストが描かれていた。

彼女はその後、国会議員（衆院）にコマを進め、同じ自民党の国会議員だった宮崎謙介と結婚。夫の不倫問題や、公用車での子どもの送り迎え問題などで世間を騒がせた。

しかし彼女は、全身に太い芯が通っているような人だった。不祥事なんかにいささかも動じず、いまはＴＢＳ系のＴＶワイドショー（ゴゴスマ）でコメンテーターを務めている。２０２２年には、ある団体の「ベストマザー賞」を受賞した。

ある日「ゴゴスマ」で彼女のコメントを聴いていて、ふと思ったことがある。彼女は、誰の講演を聴いても「先生の講演が一番」と褒め殺しにしているのではないか。ひょっとしたら、あの言葉もまた、私の知らない〝自民党用語〟だったのかもしれない。

ともあれあの日、名刺を交換した31人のうち６人が女性だった。それでも決して高い比率とはいえないが、いまの自民党は半数近くを女性が占める…くらいの思い切った意識改革が必要である。

ただ女性の社会進出を唱える自民党上層部に、本当に女性を育てる気持ち（風潮）がないのは明らかである。森…、麻…という元総理の度重なる女性軽視発言には閉口だった。

女性特有の感性。また母性ゆえの忍耐力。私の印象で書くと、いま自民党を救える可能性があるのは活力ある30～50歳代の女性議員ではないかと思っている。

それぞれの平和記念公園

原爆投下から17年後。私は、爆心地から最も近い高校（約７００メートル）として知られる広島国泰寺高校（中区）に進学した。まだどこかに戦後の空気が漂っていたものの、一方で人々が復興を信じて立ち上がる活気のようなものが街を包んでいた。

「外国人（特に米国人）とコミュニケーションしてみたい」

私は自然に、そう考えるようになった。そのためには、英会話を習得しなければならない。しかし当時はまだ、読み書きを中心にした英語の授業以外に、英会話を習得するような場はなかった。

私は数人の仲間たちと一緒に「ESS同好会」を創った。しかし私の在学中に正式クラブとして承認されることはなかった。ただ徐々にその活動が認められ、後に正式クラブ（English Speaking Society）になったことを知った。

私たちの活動の場は、主に歩いて10分ほど先にある平和記念公園だった。あるお決まりの場所で、対話のできそうな外国人を探しては声をかけた。幸いに、対話に応じてくれる確率は90％を超えた。やはり一番多かったのは米国人だった。

公園の中心にある「原爆慰霊碑」は1952年8月6日に除幕された。さらにその3年後（1955年）には「原爆資料館」が完工。その頃はまだ、公園内に一部の住居が残っていた。

私たちは、公園と化したかつての繁華街（跡地）で、原爆を投下した国の見知らぬ人たちと話をしていたのである。正直に書くと、私たちには、そういう実感がほとんどなかった。

私たち高校生は、単語を並べるだけのカタコト英語で、会話を重ねた。しかし、ほかのメンバーのことはよく知らないが、私は決してこちらから原爆の話はしなかった。「どこから来たのか？」「来広の目的は？」「広島の印象は？」…。英会話の習得のためには、相手が気軽に話してくれそうな内容が一番良いと思ったからである。

ここで定期的に訓練を重ねたことは、私の後々の人生に少し役立ったような気がしている。山口大学に進学してからも、私はＥＳＳクラブ（メンバー60人前後）に入り、３年生のときには部長になった。

そしてマツダに入社後。宣伝部→海外営業本部→広報本部→マーケティング本部で仕事をして会社を後にしたが、特に海外営業での13年間は、平和記念公園で体験した英会話力が役立っていたように思う。


高校進学から61年が経った２０２３年。私は同じ平和記念公園で、地元の高校生らしき若者が外国人に話しかける姿を見たことがある。それはどことなく懐かしく、何かほっこりさせるような光景だった。広島の若者は、あの頃とあまり変わっていない。

公園内ではいま数えきれないほどの修学旅行のバスと、そこから次々に降りてくる生徒たちの行列が後を絶たない。同年のＧ７サミットやコロナの規制緩和という環境もあったと思うが、いま確実に広島への関心は高まりつつある。

学生の頃の私は、原爆を投下した国の人たちの話を聴いて、その心情を探ってみたかったのだと思う。しかし現実には、なぜかそういう行動（対話）はとれなかった。

その心の底にあったのは、のちにロンドンのウォータールー駅で体験することになる日本（広島）人と、当時の連合国の人たちとの説明のつかない大きな心の隔たりだった。

私にとって平和記念公園は、異国の人から何か大切なものを得るために、文化的な話題を介在させながら交流する場だった。


人間というのは、本当の自分のナマ身の姿を見ることができない。なぜならそれを見る目が、自分の体の側にくっついているからである。写真にしても映像にしても、本当のリアルな自分の姿ではない。

それと同じようなことがヒロシマの街にもいえる。ヒロシマ以外に住む人たちから原爆ドーム、平和記念公園などは、どのように見えているのだろうか。私にとって平和記念公園は、そこに流れる空気を読み、何かを感じて確認する場だった。言ってみれば、自分たちを見る鏡のようなものである。

広島国泰寺高校の卒業式のときだった。訳もなく両目から涙がこぼれた。自分はどうして泣いているんだろう。私は生まれて初めて理由の分からない涙を体験した。郊外にある自宅から毎日、寒い日も暑い日も、自転車と市内電車を乗り継いで通った辛い思い出もあったと思うが、その3年間で、とてつもなく大きなものを得た実感が込み上げてきたからではないかと思う。その中心にあったのが、足しげく通った平和記念公園だった。

因みに書いておく。原爆の投下によって広島国泰寺高校（旧一中）では、教職員16人と生徒353人が亡くなった。いまでも毎年、母校の正面横にある「追憶之碑」の前で原爆死没者慰霊祭が行われている。

いま近くの平和記念公園内には何を思うか、散歩を楽しむ人たちが大勢いる。また桜咲くシーズンには、多くの市民が弁当を広げる。たまたま若き日の私にとって、そこはこれからやってくる未来に向かって、さまざまな思いを巡らせ、それを育む場だった。

毎年8月6日に行われる「平和記念式典」には、世界中からメディアが集まり、どことなく政治的かつ儀式的な空気が流れる。まるでその日だけ〝静かに行動しなければならないお祭り〟のように見える。

私にとって、この光景はどこか不思議だ。恒例の行事に黒い服を着た人たちが、まるで職責（義務）を果たすようにして集まり、神妙な顔で座っている。静かに祈りを捧げる被爆者のなかには、この情景に違和感を持つ人もいる。

それぞれの平和記念公園。まあ、それはそれでよいのではないか。この光景が続く限り、その周辺の平和が続くと思うからである。

夢を見る力

中国の思想家・孔子（紀元前551～479）の逸話のなかに、いまでも語り継がれる話がある。あるとき孔子が馬車に乗って寒村の一本道を進んでいたら、道の中央で子どもたちが遊んでいた。見れば、道端の砂を集め積み上げ立派なお城を造っている。この状況に直面し、孔子はこう言った。

「馬車が通るので、それをどけてくれ」

すると一人の子どもがこう言った。

「どこの世に、馬車を通すために城を動かす人がおりますでしょうか」

これを耳にした孔子は、馬車から降りて、その子どもの前で跪いて謝ったという。子どもの言うことには道理がある。それから以降、孔子は子どもたちを〝師〟と仰ぐようになった。

私は、これに似たような話を解剖学者の養老猛司さんから聴いたことがある。それは…。

「人間の本能で言えば､最も秀れているのは幼児です。彼らは猫や犬に負けないくらいの能力（視覚、聴覚による感受性）を持っている。しかし年齢を重ねるに従って、大人たちが言語で道理を教え、音符で音楽を教える。そうすると段々、それらの教えから芽生えてくる理性によって動物としての能力（機能）が退化していき、やがてみんな同じような人間になっていく」

この話は、養老先生の講演で聴いたものだったが、私はその後の立食パーティ（立ち話）でその続きを聴かせてもらった。

例えば、戦争をしてはいけないということは「子どもでも分かる」ではなく、「子どもなら分かる」というのである。これが子どもたちや高校生の言葉を評価すべき所以の一つになる。子どもたちの行動や言葉には、ウソや忖度がない。

もしそうだとしたら「素直な人間の感性は幼児に学び、筋の通った真っ当な論理は小〜高校生に学ぶ」というのが近道ということになる。子どもには夢を見る力がある。反対に大人になるにつれ、その能力が段々と衰えていく。

実は私は、NHK教育テレビで、毎日放映されている幼児番組を見るのが好きだ。その訳は、純な気持ちにさせてくれる明るく楽しい音楽と、画面に出てくる漫画（イラスト）にある。大人の心からとっくに消えてしまった〝遊び心〟が蘇ってくるからだと思う。

どことなくユーモラスな空気に心が和み、絵のなかで、人間は自由に空を飛ぶことができるのだ。ひょっとしたら、自分の体のどこかに、いまでも幼児心が潜んでいるのではないかと思うときもある。

ウクライナ、パレスチナなどの戦場で、おびただしい数の幼児が命を落としたことについては、言語で表し尽くせないほど心が悼む。これは人類の計り知れない損失であり、これ以上に悲しいことはない。

原爆資料館の役割

2023年度の広島原爆資料館への入場者数が、年間で198万人を超えた。ザックリ書けば、1日平均で約5500人が館内に入り、展示を見たことになる。

コロナ対策の規制緩和、円高の影響もあったが、一番大きかったのは同年5月に広島で開催されたG7サミット（先進7か国首脳会議）の余韻のようなものだったと思う。

さらにロシアのウクライナ侵攻、イスラエル軍のパレスチナ攻撃などで平和に関心を持つ人が増え、被爆地への関心も高まった。

23年度の入場者数の内訳で見ると、大幅に増えたのは外国人（全体の33・8％）と日本各地からの修学旅行生（同17・4％）である。外国人旅行者では20～40歳代の若い年齢層、修学旅行生は中・高校生が中心だった。つまり、いずれも未来を担う若い人たちである。

平和を学習するために、おびただしい人たちが広島の原爆資料館に、まるで何かに吸引されるように集まってくる。私たちが子どもの頃には、決して見られなかったこの光景は、未来への〝希望の兆し〟ではないかと思う。
彼らの心のなかで形成される根源の思いこそ、世界の紛争を解決し、真の平和を実現するための源になるものである。世界各地で紛争が絶えない今だからこそ、そういう人々の思いを増やし続けることが大切である。

原爆資料館を訪れる世界の著名な知識人、文化人、政治リーダーなども後を絶たない。過去に原爆資料館を訪れた著名人たちが、芳名録などに残した言葉（抜粋）をいくつか紹介しておきたい。彼らの言葉の力は、殊のほか大きいからである。
まずドイツ生まれの著名なユダヤ人ジャーナリストだったロベルト・ユンクは、1957年から何度も広島を訪れ、原爆被害を世界に伝えた。
「美術館は世界のどこにもあるが、原爆資料館はヒロシマだけのものだ」（『中国新聞』1960年8月18日）
「いまや原爆ドームはアテネのアクロポリス、ローマのコロシアムに並ぶほど世界に知れわたった1シンボルとなった。が、アクロポリスやコロシアムが過去の運命を物語るだけなのに、元産業奨励館のあの丸い塔は、将来起こり得る運命への警告を発している」（『中国新聞』への特別寄稿「原爆ドーム」、1959年8月5日）

カトリック修道女で、1979年にノーベル平和賞を受賞したマザー・テレサ（マケドニア）は1982年に長崎、1984年に広島を訪問し、長崎原爆資料館でこう語った。
「長崎では悪魔の行いを見た。核を作った人、武器を作った人、武器として使った人に資料館を見てもらい、その恐ろしさをわかってほしい」（1982年4月26日）
もう一人。2010年に広島を訪れたパレスチナ自治政府のマフムード・アッバス大統領（当時）は、こう記している。
「我々は日本の国民に起こった出来事を悼んでいます。（中略）我々がこの経験から学び、訴えていかなければならないことは、世界は平和で安定な状況になければならないということです。そのためには、核兵器および大量破壊兵器のない世界の実現が大変重要なことです。（中略）日本国民の努力と意志に敬意を表したいと思います。廃墟から復興へ、そして、このような経済大国を成し遂げたことに対し、深い尊敬の念を抱いております」（広島平和記念資料館・芳名録、2010年2月7日）
これらの人たちの言葉には重いものがある。特に原爆資料館の展示を見たあとの言葉というのは、純粋でウソが少ない。
この世から原爆資料館がなくならない限り、まだ希望はある。

被爆3世の時代

地元の『中国新聞ＳＥＬＥＣＴ』に「想」というリレー形式の連載コラムがある。私も時々寄稿させてもらっているが、良いコラム（２０２３年11月25日掲載）に出会った。

ヨーロッパでバイオリンを学んでいるＫさん（女性）の文章は、「私は広島市で生まれ育った被爆3世です」からはじまっていた。

その前半は、被爆当時5歳だった祖父の話を中心に綴られている。祖父というのは、私とほぼ同年代。やはり子どもの頃には「怖い」というイメージがあり、Ｋさんは話を聴いたことがなかったという。

しかし思い切って話を聴き、考えが変わった。「原爆の脅威や被爆者の思いを風化させてはならないと思い、被爆3世として若い世代に何か発信していきたいと思いました」

彼女は演奏会で語り部を務める機会を得て、原爆の被害や影響を伝え続けている。その後半に綴られた彼女の文章に、私は感銘を受けた。

「75年間は草木も生えないといわれた広島。緑にあふれる街に発展したのも人々が平和への思いを紡いできたからこそ。時を重ねてつないできたその思いを受け継ぎ、日本と世界に発信していきたい。（中略）私にできるのは、思いを表現できる曲を考えて演奏し、音に乗せて届けることです。世界には言葉のない民族はあっても、音楽のない民族はないといわれます。言葉がなくても伝えられる音楽だからこそ、世界中の人々に寄り添える音楽を届けられると信じています」

この寄稿文は、私の心に響いた。それは、常に私自身の心になかに横たわっていた反省の気持ちにも繋がっている。

繰り返すが、私は被爆2世である。これまで、そのことに対して考えが甘かった。具体的に書けば、何かの行動を起こすこともなく、歳を重ねてしまった。そんなとき、もう次の世代の被爆3世の若い人が…。

もしKさんの祖父が辛い話をしてくれなければ、その後の話は、全く違う筋書きになっていたかもしれない。折あれば、彼女のバイオリンの音色を聴いてみたい。それは、未来を照らす調べのように聴こえるかもしれない。

ご存知かと思うが、世には〝音楽療法士〟という職業領域がある。音楽は時に人の心を和ませ、楽しませ、そして感動させる。同じ人間同士が、互いに命を奪い合う戦場で心安らかな音楽を流し続けることができれば、事態が変わることさえ予想できる。

私の場合、サラリーマン時代に東京から広島に還る決心をさせたのは、通勤途中のＪＲ品川駅で毎日耳に入ってきた「いい日 旅立ち」（唄・山口百恵）だった。心に響く音楽というのは、人を動かす力がある。

生存する被爆者の数は、年々少なくなっていく。当然のことだが、そのうち一人もいなくなる。人間、一番怖いのは「忘れること」だと思う。忘れたら、元の木阿弥。必ず同じことを繰り返す。そのため、どんなに小さなことであっても、またどんなに大きなことであっても、この地に住む人間として、あのとき（原爆）のことは一つでも多く語り継ぎ…、いや私の場合は、一つでも多く書き残しておきたい。

それは音楽であっても、映画であっても、演劇であっても、文学であっても、もちろん語り部であってもかまわない。人の本気というのは、必ず相手に伝わる。

２０２５年に被爆80周年を迎えるからかもしれない。このところ若い被爆３世のメディア露出が急に増えてきた。彼らはみな堂々としている。

昔のことを体の芯で知っている被爆2世からすると、そのことが無性に嬉しい。おそらく刻の流れによって「隔世の感」を禁じ得ないからだと思う。彼らのお陰で、被爆者は少なくなっても、希望は決して小さくならない。この丸い地球に住む尊き人類は、こんなことで滅びてはいけないのである。

２０２４年10月。日本被団協へノーベル平和賞を授与することを決めたノルウェー・ノーベル賞委員会のヨルゲン・フリードネス委員長は、中国新聞の取材に対し次のように語った（『中国新聞』２０２４年10月30日）。

（ノーベル平和賞を）「亡くなった方たちを含め、体験を語り、核兵器なき世界を訴えてきた全ての被爆者に贈りたい」。

そして、その功績についてこう語る。

「自分たちの物語を何度も語り続けることで『核のタブー』を確立し、維持してきた。被爆の記憶を見事に次世代に引き継いでいるのも素晴らしい」

これは正しくKさんと祖父の話である。そして委員５人の長を務めたフリードネス委員長は、そのタイミングについてもこう語る。

「核使用の脅威がますます高まっている。（中略）今こそ、全人類のために被爆者の声を聞くべきだ。なぜ核なき世界が必要か、彼らは思い起こさせてくれる」

そういえば、12月10日の授賞式でスピーチを行う日本被団協の田中熙巳代表委員が、いつも口にする言葉がある。

「核廃絶は被爆者の願いではありません。人類の願いです」

第4章

広島に夢の自動車博物館

ヒロシマの街は
主にマツダマネーの
還流で成り立っている

マツダ名の由来となった三輪トラック、Mazda号

広島県の「商工労働局」と「ひろしまブランド推進課」（当時）の2013年共同文書によると、広島ブランドの定義は「県の魅力ある観光地、特産品、歴史や文化、自然、産業など、数多くの地域資産から連想されるイメージの総体」ということになる。

この資料を分析してみると、広島の地域イメージは、共に世界遺産である「原爆ドーム」と「厳島神社（宮島）」に集約される。これに特産品の「牡蠣」、食文化の「お好み焼き」、スポーツ文化の「広島東洋カープ」などが加わる。これらは75〜850年をかけて、少しずつ蓄積されてきた広島イメージの基本要素である。

その一方で、意外に広島イメージに貢献していないのが、ロータリーエンジン開発などで世界的に知られるマツダなどの製造業を中心にした企業群である。万年筆のセーラー、防虫剤のフマキラー、パンのアンデルセン、スナック菓子のカルビー…。これらの企業が広島発祥の企業であることを知るのは、ほぼ広島人に限られている。

いま全国のアンケート調査で「広島と言えば、何を連想しますか？」と質問すると、たいていの人が、原爆ドーム、宮島、お好み焼き、カープなどを挙げる。ところがマツダなどの企業を挙げる人は、わずか1％にも満たない。つまりマーケティング用語を使って書けば、「マツダなどの企業群の純粋想起率は極めて低い」というのが実情なのである。

いまの若い人たちのなかには、マツダが山口県にあると思い込んでいる人もいる。ただ

2009年に開場した新広島市民球場の命名権をマツダが取得したため、「マツダスタジアム」の名称などによって、少しずつマツダ＝広島のイメージが浸透しはじめた。

広島県の企業群イメージを「広島県のイメージ」に転嫁する。これは短期的なフローイメージではなく、長期的なストックイメージを創るために、極めて重要なことである。例えば学生の就職活動などでは、2～4年間の学生生活のなかで蓄積されるイメージを心の中にしっかりと良好な形で植え付けることが大切なのである。

近年、広島県の人口流出の問題がクローズアップされているが、その一因として、街の形が実体をうまく表現していないことが挙げられるのではないか。広島県にはその芯になる、近県にない強力な実体がある。

この章では、広島を代表し、世界に羽ばたくマツダをその中心に据えて、広島市周辺の〝あるべき形〟について考えてみたい。

松田家3代が築いた土台

ドイツのカール・ベンツが、この世に生を受けてから31年後（1875年）のことだった。現在の広島市郊外（安芸郡仁保村）に、のちに無類の機械好きとして知られるようになる松田重次郎が誕生した。

重次郎はその幼少期、鍛冶屋の鉄床で鉄が打たれる音に、並々ならぬ関心を寄せた。そして14歳のときに鍛冶屋に奉公に出ることを決心し、大阪に赴く。

1906年。32歳になった重次郎は大阪で鉄工所を開設し、自ら発明した「松田式ポンプ」の製造・販売に乗り出す。当時、日本各地に配備された消防ポンプ車の多くに、この「松田式ポンプ」が採用された。

その後、病床にあった母のために広島の地に戻ってきた重次郎は、1920年に現在のマツダの前身となる東洋コルク工業の設立に取締役として加わった。そして、その翌年に同社の代表取締役に就任した。

以降、この会社の舵取りは、1970年まで3代にわたり松田家が担うことになった。

1927年。早くからコルク産業の限界を察知していた重次郎は、社名を「東洋工業」に変更し、長年の夢だった機械工業の分野に大きく舵を切ることになった。

その後、重次郎は、増大する貨物輸送の需要に対応するため、最優先事業として三輪トラックの生産に乗り出すことになった。1931年。最初の三輪トラックに命名された「Ｍａｚｄａ号」こそ、今日のマツダブランドの源である。

これから書く重次郎の誕生日にまつわる話は、広島出身の作家・梶山季之の著書『一業一人伝松田重次郎』（時事通信社）のなかに克明に描かれている。

実は8月6日は、重次郎の誕生日だった。同日は、広島人なら誰でも知っている〝あの日〟である。重次郎は毎年の恒例として、自分の誕生日には護国神社（中区）にお参りをして、会社（市郊外）に出社していた。もちろん1945年8月6日も、その例外ではなかった。

唯一、その年に違っていたのは、その日の朝、大手町（中区）にある理髪店に立ち寄ってから、護国神社にお参りに行くという通常とは異なる予定にしていたことだった。この一連の物語の根拠になっているのは、水野さんという当時の運転手の証言である。

その日は、午前7時30分頃に牛田（東区）の自宅を出る予定だった。しかし迎えの水野さんが早く到着したため、7時20分頃に自宅を出た。そして理髪店に到着したとき、運転手の水野さんは、ほぼ同時に理髪店に入る一人の男性の姿を目撃している。しかし重次郎の方が一歩先に理髪店に入ったため、自ずと理髪する順番が決まった。

この一歩の差が、運命の分かれ道になった。重次郎はその後、護国神社の参拝を済ませ8時15分に、会社に向かう途上の西蟹屋町（南区）の踏み切り付近で被爆した。2人の乗った乗用車は吹き飛ばされたが、幸いにして共に命に別状はなかった。しかし後から理髪店に入ったもう一人の男性は、その辺りが爆心地に近かったため、即死だったのではないかと推測された。

被爆直後、広島市中心部の機能は完全に麻痺した。重次郎は、比較的、被害の少なかった本社の建物を市民に開放、提供した。これはあまり知られていない話だが、被爆直後から翌年7月までの間、広島県庁や広島地方裁判所は、東洋工業の社内に置かれていた。そして現在のマツダ病院（当時・東洋病院）は、一大救護センターとしての役割を果たした。

そこから1年4か月が経った１９４６年12月。ついに東洋工業は三輪車の生産を再開し、執念の復活を果たすことになった。

もしあの一歩が違っていたら、おそらく今日のマツダの姿は別のものになっていたと思う。原爆はさまざまな人の人生の行く先を変えたばかりでなく、それに関わる人々のめぐり合わせによって、地域や社会の構造まで変えた。そしておそらく、世界の自動車史の一ページまで変えた。

技術の伝承─戦争とマツダ

原子爆弾は、なぜ広島の地に投下されたのだろうか。あまり考えたくない次元の異なる重たい問題だが、広島人はその当事者でありながら、意外にそのことについてあまり深く考えてこなかった。

以下に書くのはその一説に過ぎないが、最も信憑性が高く、私もそう信じている。実は、広島・

呉地区は当時、国家の命運をかけた巨大な軍事産業の集積地区だった。

その頃、広島市には比治山陸軍兵器庫など、次々と軍の施設が築かれた。米軍が人類初の原爆投下の地に広島を選んだ理由は、その周辺が日本産業（特に軍事）の技術力の最先端を行く地域だったからである。

このきっかけを作ったのは、1894年に開戦した日清戦争だった。天皇陛下直属の軍最高統帥機関である大本営が広島（現在の中区基町）に置かれた。いまでもその跡地（南城通り）に、その名が刻まれた小さな石柱が建っている。

その広島市の周辺地区の一つだった呉市の海軍工廠で戦艦大和の建造がはじまったのは、1937年11月のことだった。重次郎はその翌年、陸軍省兵器局に呼び出され「歩兵銃」を製造するよう指示を受けた。

これによって東洋工業は一時、好調だった三輪トラックの生産を中断し、兵器工場への転換を余儀なくされた。マツダに入社後、自分が勤めている会社がかつて兵器を製造していたことを知ったときには、さすがにショックで気が滅入ったことを覚えている。

しかし私たちが背負ったのは「負の遺産」だけではなかった。その後、軍事産業に従事していた多くの技術者たちが、マツダを含む非軍事産業に移り、さらに腕を磨き地域の復興を支えることになった。

その一つの例が、金属を削って磨く研削・研磨技術である。この技術はのちにマツダで日本一の精度を誇る精密機械の製造、さらにその技術を応用した世界初のロータリーエンジンの開発へと繋がっていく。

私たちはよく「今日の繁栄は、多くの犠牲者の上になりたっている」という言い回しをする。その言い回しには、かつて微妙な違和感を持っていたが、確かに、私たちに多くの富をもたらしてくれたのは、戦艦などを造るプロセスで生まれた幾多の技術だった。

因みに書いておく。当時、最新技術を駆使し、世界最強と謳われた戦艦大和は東シナ海（枕崎沖）で米軍の凄まじい魚雷攻撃を受け、3000人余りの乗組員とともに海に沈んだ。この状況から書かせてもらうなら「戦艦大和は海に沈んだものの、人間社会を豊かにしてくれる優れた技術の象徴としての戦艦は、決して沈まなかった」。人間が総身で伝える技術というのは、そういうものである。

軍用長靴から競技用ボールへ。時代とともに事業内容を見直しながら、逞しく成長してきたモルテン。軍艦建造に使われた砥石の技術をベースに、世界有数の半導体製造装置メーカーに成長したディスコ。いずれも軍事産業を基盤とし、広島を拠点にして世界に羽ばたいた会社である。

話を元に戻そう。私は、マツダの100年を超える長い歴史を5つの時期に分割して捉えている。

これを具体的に書けば、「草創期」（１９２０－１９５１）、「中興期」（１９５１－１９７０）、「変動期」（１９７０－１９９６）、「フォード支配期」（１９９６－２００８）、「独立再生期」（２００８－）ということになる。

なかでも松田重次郎が社長を務めた時代は、戦中、戦後の波乱万丈の動乱のなかで命を賭して踏ん張ってきた「草創期」だった。

そしてこの時代に、奇しくも広島の地で人類の歴史に永遠に刻み込まれる大惨事が起きた。米軍による広島への原爆投下は、ヒロシマを根こそぎ変えたのだ。

ただ世の中にどんなことが起きようとも、マツダはそんななかを逞しく生き延びた。その間、マツダを率いた16人の社長は、別表③のとおりである。マツダの今日の姿は、これら先人たちの日々の努力・才知を礎として営々と築かれてきたものなのである。

別表③マツダ歴代社長

社長名	在任期間	区分
松田重次郎	1921～1951	草創期
松田恒次	1951～1970	中興期
松田耕平	1970～1977	変動期↓
山崎芳樹	1977～1984	
山本健一	1984～1987	
古田徳昌	1987～1991	
和田淑弘	1991～1996	
ヘンリー・ウォレス	1996～1997	フォード支配期↓
ジェームズ・ミラー	1997～1999	
マーク・フィールズ	1999～2002	
ルイス・ブース	2002～2003	
井巻久一	2003～2008	
山内孝	2008～2013	独立再生期↓
小飼雅道	2013～2018	
丸本明	2018～2023	
毛籠勝弘	2023～	

広島に根づいた自動車産業

いま自動車は、日本の製品輸出額の約20％を占める最大品目である。自動車関連産業で働く人は全国で優に550万人を超える。量的にも質的にも、日本経済の屋台骨を支えていると言ってもよい。広島に本社を置くマツダの市場環境の特徴をザックリまとめてみると、凡そ次のようになる。

①国内外でマツダが生産する自動車は、日本の自動車会社が生産する総台数の5～6％を占め、世界市場で一定のインパクト（認知）を得ている。

②特に、国内2工場（本社工場、防府工場）で生産される台数は、国内の自動車生産の約11％を占め、国内で工場が分散している他7社の自動車会社に比べ、工場周辺地域に及ぼす影響（発注量、人的関わりなど）が大きい。

③マツダの市場全体の販売台数のうち、国内販売は約14％を占めるに留まり、国内でのプレゼンスは相対的に低い。一方で、同じく約86％を占める海外でのプレゼンスが相対的に高い。

④広島本社工場の周辺地区（協力会社）に、多数の商品開発、素材（金属、ゴムなど）開発、製造技術などに関するノウハウが蓄積している。

これに加えて現状を書くと、いま世界の自動車市場環境は、これまで経験したことのない大きな変革期を迎えている。脱炭素社会の実現が、人類共通の課題になっているからである。特に、その製造過程と商品そのものから相当量の温室効果ガスを排出する自動車産業の対応は、世界的なガス削減計画のなかで主要な一翼を担う。

いま広島の産業界の核となるマツダが直面している世界の市場環境をこのように考えてみると、そのことが地域に与える影響は甚大である。なぜかと言うと、裾野に広がる関連の取引会社グループに、それに合わせた変革が求められるからである。

マツダ関連の業務に直接従事している人口は、中国地方で約28万に及ぶとされており、その多くが広島県と山口県の一部に集中している。その家族までを含めると、マツダ関連の人口は優に55万人を超える。

繰り返すが、世界の自動車産業はいま100年に一度と言われるような大きな転換点にさしかかっている。おそらくこれまでマツダが乗り越えてきた数々の試練と同じような形で、現在の難局に対処していくのは困難な時代に入ってきているのではないか。この際、必要なのは地域を挙げた新たな自動車産業社会の構築・実現である。

広島人なら、知っておこう。平和都市を目指す広島市とその周辺地域は、別の意味でも世界（地球）の行く末に関わる重大な課題（脱炭素社会の実現）に向き合っている先進工業地域なのである。
つまり私たち広島人はいま、人類の未来に関わる二つの地球規模のメカニズムのなかにいる。行政（広島県、広島市）が、まずこうした広い視野の認識を持つことが大切なスタートラインになる。

モデルとなるシュツットガルト

街と行政が企業に影響を与え、企業が街と行政に影響を与える。この当たり前の関係（構図）は、実は自然発生的には生まれにくい。良好な関係を人間が意図して創り出さない限り、なかなか到達できないのだ。

こうした街づくりの参考になると思われるのが、同じ第二次世界大戦の敗戦国・ドイツの第三の都市シュツットガルトではないかと思う。シュツットガルトは、第二次世界大戦のドイツで最大の被害を被った都市の一つだったと言ってもよい。その点が広島とよく似ている。そういう都市の在り方を、二つの都市を例にして比較・検証してみたい。

周知のように、１８８６年カール・ベンツが内燃機関を搭載したガソリン自動車を世に出したのが自動車産業のはじまりだった。その舞台となったシュツットガルトは、メルセデス・ベンツの生まれ故郷であり、同時に自動車産業発祥の地でもある。

シュツットガルトは、元々ネッカー川の畔の緩やかな丘陵が織りなす緑豊かなパノラマや、シュロス広場に代表される宮殿都市の面影を残す落ち着いた街である。いまその街の中心にあるのがガラスとアルミパネルに囲まれた美しくモダンな外観を有し、螺旋状の動線で構成される「メルセデス・ベンツミュージアム」である。

この建物を中心とした近代的な眺めが、シュツットガルトを代表する景観になった。同時に、館内では自動車に関するあらゆる情報が学べる。そのため、まるで優れたインフラ吸引装置のように、世界中からこのミュージアムのあるシュツットガルトに人が集まってくる。

この形が教えてくれるものは、自動車産業が単に地域に富をもたらしてくれるということだけではなく、モビリティの拡大とその恩恵をもって地域を整備し、工業、文化、教育などの多方面から社会貢献を果たしていくということである。

もちろんベンツとマツダでは、その内容や事情が違うように思える。しかし、その本質（構造）のところでは何ら変わりはない。つまりシュツットガルトにできて、広島にできないという理由は乏しいのである。

参考までにシュツットガルトと広島には、戦後の悲惨な状況だけでなく、他にも多くの共通点がある。それは自動車産業の街ということのほかに、次の3つがある。

①街の構造、人口規模が似ている
②古くから歴史的な物語（宮殿都市／城下町）が根強く横たわっている
③中心部に川が流れる

特に広島の街には６つの川が流れており、川の上に構築物を建てにくいことから、長期にわたって景観が変わりにくいという特長（メリット）がある。

私はマツダ現役時代から、広島市の中心部にシュツットガルトのメルセデス・ベンツミュージアムをベンチマークにしたような「自動車博物館」を創ったら…と夢想するようになった。

その目的の一つは、広島という地域が平和都市であるということだけでなく、末永く自動車産業を核として発展し続けるという決意・覚悟を示す形（宣言）を創るということにほかならない。街の形にそれが組み込まれることによって、平和と産業の一体感が生まれてくるのである。

実は、日本にもそういうコンセプトを持った街がいくつもある。私はかつて大学の仕事で浜松市（静岡県）を訪れたことがある。ＪＲ駅前では、真っ先に気の利いた〝楽器モニュメント〟が訪れる人を出迎えてくれる。

ホテルにチェックインすると、ピアノの形をモチーフにしたベンチや椅子、エレベーターのドアには、可愛い音符のデザインが施されていた。近くには「浜松市楽器博物館」もあったし、街を挙げて地元の産業を支えていく姿が、なんとも心地よく、そして力強く感じられた。もちろんいまでも「浜松」と聞いただけで、〝いい街だなぁ〟と思う。

こういう姿勢は、欧州でいっそう顕著に見られる。イタリアのミラノ駅前にある巨大な「針と糸のモニュメント」は、そこが欧州の〝繊維とファッションの発祥の街〟であることを表現している。

その地域を支える主要産業を、まるで自分事のように前面に押し出し、それを堂々と誇示して見せるのは、ブランドの考え方が根強く定着している欧州では、ごく当たり前のことなのである。

自動車博物館の役割

〈図〉マツダが1997年に導入したブランドシンボル

私がシュツットガルト郊外にあるサイン（看板）会社を訪れたのは、マツダが新たなブランドシンボル（図）を導入した１９９７年の翌年のことだった。なぜサイン会社だったのか。

それは自ら担当して導入したマツダシンボルが世界中の店頭で、どこのシンボルよりも輝いて見えないと、意味がないと思ったからである。私は当時〝シンボルが意味を持って輝いて見えた〟ベンツをベンチマークにした。

ベンツの看板製作を担当するサイン会社のプレゼンテーションの冒頭（10～15分間）。私は驚かされた。彼らの地域での生い立ち、会社創業の精神、その役割などについて滔々《とうとう》と述べはじめたからである。正直に言って、日本ではありえなかった。しかし彼らにとって〝おらが街〟は、事業の原点なのである。

そしてベンツのサインの実物を目の前にして、私はさらに驚かされた。それはもはや看板の概念ではない。彼らは自動車を創るようにして、いやそれ以上に細部の作り方（工作）、仕上げの質にこだわっていた。

例えば、構造面ではサイン面の内側に、降雨のときの雨水の流し方（水路）まで細かく設計し、造り込み、それが外から全く見えないようにしていた。材料面でも、当時のマツダサインの2倍くらいの厚みがあったように感じた。

これがベンツブランドなのだ。私はそれを肌で感じた。同時に、ベンツ本社の意を汲んで、これに十分過ぎるくらい応える職人の魂を見た。彼らはみな、おらが街にある自動車会社を誇りに思い、それを支えようと日々努力していたのである。

同じように、広島もまた世界で有数の自動車産業を核にした街である。私は広島の街にもシュツットガルトの職人に負けないような〝魂を持つ人たち〟がたくさんいることを知っている。

広島本社からクルマで15分くらいのところに、今西製作所という金型メーカーがある。私はそこに足しげく通った。そして、技術者たちと発注した物体の細部の表現（見せ方）について議論を交わした。ディスプレイ用のブランドシンボル（大、中、小）を造るためだった。

会社を辞めてから、一つ驚いたことがあった。実は、学生が就職活動をしていたときに、学生がもらってきた「今西製作所の会社案内」の冒頭ページに、マツダブランドシンボルが掲げられ、その表現開発と製造を担当したことが堂々と謳われていたのだ。このことこそ国際企業と、その地域にある会社の〝点〟としての協業シンボルなのである。

このことを広く〝面〟として表現するため、その歴史、意味、日常のすべてが理解できる公開プレゼンテーションの場を創ることが不可欠なのではないか。しかもその施設は、誰でも楽しめて、同時に学習効果（機能）を果たすものであることが望ましい。

考えてみると、戦前に粛々と役割を果たした現在の〝原爆ドーム〟は、県内の産品を内外に知ってもらうための「産業奨励館」だった。つまりこの精神は、今にはじまったことではないのだ。元々広島人が持っている資質だと言ってもよい。

幸いにして、2025年1月30日に創立105周年を迎えるマツダには、自動車の「過去」「現在」「未来」を語れる膨大な資料が遺されている。また、原爆投下直後から地域とともに歩んできた貴重な資料も多く存在する。これらの遺産（資料）はマツダのものであると同時に、それを支え続けた広島県民・市民をはじめとする地域の人たちのものでもある。

またこの種の情報発信基地（自動車博物館）を創るということは、マツダとともに地域の人たちが過去を学び、現在を知り、未来を築くということに繋がる。そして、そのことが未来の道を切り開く近道になる。

これを経済的視点から平易に言い換えるとすれば、広島という地域は、マツダが造る商品（自動車）を世界中の人々に販売し、そのお客さまから代金を頂戴し、それを地域に還流させることを中心にして成り立っている。そのことを都市づくり計画に正しく反映させることは、地域社会の責務であると思う。

繰り返して書く。いま大学進学などで県外に出た若者たちのなかで、Uターン就職する人が減ってきた。その要因の一つは、広島という地域に、強力な「産業の吸引装置」がないからである。魅力ある古里には、自然に人が舞い戻ってくる。それは理性を中心に生きる人間でも、本能（感性）を中心に生きる野鳥や川魚でも同じことである。

マツダタウン

私はマツダで32年間も働いた。どうでもいい話だが、それでもマツダからＯＢという認定を受けていない。なぜかというと、社内（労働組合）には厳しいＯＢ資格の規定があり、私は「55歳までマツダで働いた」という枠をほんの少し外れていたからである。私が会社都合でマツダを去ったのは、54歳8か月のとき。つまり4か月分ほど日数が不足していたのである。

もし労働組合が認定したOBということになると、ささやかな特典がある。マツダ車の購入に際しては、微少の部品代サービスに留まるものの、退職後の生活支援ということになると、他社に例を見ないほど充実している。

例えば、地域ごとにOB会が設けられ、その幹事が社内で定期的に発行される「マイ・マツダ」を届けてくれる。つまり現役社員もOBも同じ扱いを受け、マツダ情報を共有しているのである。

各地域のOB会の活動も、ハンパなものではない。例えば、かつて呉昭和地区OB会は、自らの設立20周年記念事業として、車イス対応の福祉車両を県立障害者療育支援センターに寄贈した。また防府地区OB会は、結成25周年記念行事として、島根県の神楽団を招いたイベントを開催し、地域の人たちを楽しませた。

もちろんOBたちの親睦を目的としたゴルフコンペ、山登り、カラオケ大会などは枚挙に暇がない。つまり、会社を退いた人たちが日々暇を持て余すようなことがないよう、小さなコミュニティが地域単位で提供されているのである。

おそらく日本中のどこを探しても、これほど充実したOB会は存在しないのではないか。私自身、かつてマツダOBの人たちで開催するいくつかのゴルフコンペ、さらに定期化した複数の親睦会（飲み会）に参加していた。もちろんその一部は、いまでも私の生きがいの一つになっている。

いまは開催が少なくなったものの、かつてマツダ出身の大学教員と元教員（100人前後）による会合（親睦会）も開催されていた。この際、何よりもマツダの情報が正確に入ってくるのがよかった。私もそうだったが、マツダ現役社員から仕事の相談を受けることもあった。

こうしてみると、マツダという会社は、現在46地区で1万4千人（2024年4月時点）を超えるOBたちによって支えられている…という見方もできる。昔のクルマを懐かしむTV番組などでは、その開発に携わったOBたちが、まるで現役社員のように振舞っている。

また不幸にして、本人が亡くなったりすると、辞めたはずの会社から家族に弔電が届く。もちろんその会員名簿は、現役社員並みに厳格に管理されている。このように外堀までしっかり固められた組織は、めったなことでは崩れない。マツダの強みを考えてみるとき、この点は意外に大きい。

また現在、多数の市・町民（主にOB）が町内会などの役員を担っている。このように一企業と地域が密接に関わり合っている社会組織は、国内にはあまり多く存在しないように思う。もちろん海外でも、そういう例は稀なのではないか。

言うまでもないことだが、長い時間経過は「人に人格」「会社に社格（社風）」というものを創り出していく。これは人間であっても、企業であっても変わらない。

私は、マツダの社格（社風）というのは、次の3つの言葉で言い表されるのではないかと思っている。それは①先進性 ②愚直さ ③独創性である。この特性は、そのまま地域の特性にも繋がっている。

例えば、米国50州のなかで最も日系人が多いハワイ州。人口の約25%（4人に1人）が日系人だが、そのなかで一番多いのが広島県出身者だそうだ。広島県（大竹市）出身の石本美由起が作詞した「憧れのハワイ航路」という曲をご存知だろうか。

あの昭和の名曲は、生家から見えた瀬戸内海を航行する船を見ながら紡いだ歌詞だった。彼もまた「将来は船に乗ってハワイへ…」と夢見たのである。

実は、移民の上位にくるのが広島県という傾向は、米国本土、ブラジルなどでもあまり変わらない。あるシンポジウムでご一緒したことのある『広島学』（新潮文庫）の著者・岩中祥史さんは、広島人には「進取の気質」があると断言していた。これは、私の言う前記①～③とほぼ一致する。

話はかなり逸れたが、時代が少し相前後するところはあったとしても、広島には「地域」＋「マツダ」という不変の組み合わせの強みがある。

ここで敢えてアンチテーゼの話も書いておく。どこの街にも、こういう主な流れに対し反対の立場を貫く人たちがいる。愛知県におけるアンチ・トヨタ、神奈川県におけるアンチ・日産などはよく知られているが、広島にもアンチ・マツダの人たちがいる。これはごく自然なことで、むしろ人間的で素直な意見を聴かせてくれる貴重な人たちだといえる。

特に自動車産業では、二〜三次下請け会社などにメーカーの意図がうまく伝わらず、どうしても不満を抱く人たちが増えてくる。もちろんそのことは家族や親戚の人たちにも伝わる。それが愛知県のトヨタシェア、神奈川県の日産シェア、広島県のマツダシェアが、人々が思うほどに高くない理由になっている。

私自身、そういう人たちから何度も率直で、ためになる話を聴かせてもらった。それは鏡のようなもので、大変勉強になり、地域のことを考えるときに必ず役立つ。

地域の人材交流

広島では地元企業とマツダとの間で、あまり表には出てこない人材交流が盛んに行われているという話である。

私がマツダに勤めていた1970年代のこと。社内でひんぱんに行われていたソフトボール大会で、常に上位にくるチーム（部署）には、たいてい元カープ選手がいた。投手としてルーキーイヤーに7勝を挙げた中本冨士雄（1958年カープ入団）が放つ特大の打球は、いまでも瞼に浮かぶ。では一体なぜ、自動車会社に多くの元カープ選手が在籍していたのだろうか。

実は、松田家で最初にカープ球団のオーナーを務めたのは、いまの松田元《はじめ》オーナーの祖父にあたる松田恒次（当時・東洋工業社長）だった。彼はほかの地元企業との関係に配慮し、東洋工業を主体とした球団経営に乗り出すことはしなかった。しかしその一方で、積極的に元カープ選手を社内に受け入れた。

選手に安定した再就職先を提供することによって、将来の不安を少なくし、より優秀な選手を集めようとしたのである。この流れは、一時のマツダの経営状況の変化もあって、いまあまり耳にしなくなった。

ところが現在、この流れが「カープ→マツダ」ではなく、逆に「マツダ→カープ」になった。その草分けは、次のオーナー松田耕平（マツダ3代目社長）のときに、マツダの総務課長だった重松良典をカープに送り込んだときだったように思う。

彼は球団代表として、初の外国人監督（ジョー・ルーツ）を誕生させるなど、次々に手を打った。実は、現在のカープ球団の運営を考えてみるとき、この「マツダ→カープ」の人事交流は、なくてはならない大きなポイントになった。

このためいまのカープ球団は、経営、経理、国際業務などの面で、幅広く人材を調達する安定的なルートを持っている。注目されるのは、球団内にいるいろいろなタイプのマツダ出身の専門家たちの仕事ぶりである。

周知のように、現在の松田元オーナーも6年間、マツダに勤務していた。彼はマツダ時代に、経理部・原価計算課、輸出本部・米州課などで仕事をした。彼は、出版社のインタビューの際にこう話している。

「自分をものすごく細かい人間にしたのは、マツダだったかもしれない。あそこで教育してもらっていなかったら、こんなこと（カープの仕事）はできていなかったと思う」

球団で多くのことを仕切っている鈴木清明・球団本部長もまた、１９７７年にマツダに入社し、原価計算課で松田と一緒に仕事をしていた人である。さらにカープ球団の経理部門では、複数の元マツダ経理部の人が働いていた。

この地に根を張ったマツダが、地元企業に対し人材クロスというか、分け隔てなく適材適所の人材を提供している。私が勝手に思うには、マツダの合理主義は良い意味でカープ球団にも息づいている。

この関係は、カープだけではない。私の友人のなかには、マツダを辞めたあとで地元電力会社の関連会社で役員を務めた人、地元企業の監査役、私立学校の校長になった人も複数いる。

そこにあるのは、いま流行りの民間リクルート会社などでは実現しえない異質なものである。言ってみれば、地元への貢献を目指す〝地域活性化メカニズム〟が働いているのだ。広島では初めて話す人のなかに、こう切り出す人が多い。

「私もマツダで働いていました」

そう言われると、どこか親近感が湧き、共通の空気（マツダイズム）のなかで会話ができる。またたとえそうでない人でも、たいてい話はこうなる。

「実は、姉の嫁ぎ先の隣の人の親戚が、マツダの研修センターで働いていて…」

この話を正確に聴いてみると、その人とマツダの関係は希薄なようにも思える。それでも、ともかく広島で働いていて、マツダに全く関係のない人に遭遇するのは、ごく稀なことなのである。広島は全国でも珍しい、どことなく当たり前のようにマツダの空気が流れる街である。

世界に羽ばたく

マツダはいま、世界市場を視野に入れた国際企業である。そもそも自動車の分野で世界一を目指さない限り、真正ブランドなどは創れない。世界の2番目以下でよいと思って造られた自動車が、世界に通用するブランドを形成するようなことはないからである。

そのマツダのある偉い人の言葉のなかに「最高で超一流、最低でも一流」というのがあった。これは全社員が共有すべき高い志を示したもので、その心意気みたいなものが、今日のマツダを創っていると言ってもよい。

こういう空気は、自然、その人たちが隣り合って住んでいる地域の隅々まで漂ってくる。それは目には見えないが、自然の風のようなもので、その人たちがいる限り決して消えてなくなるようなものではない。

マツダはいま、日本及び世界の自動車業界図のなかで、厳しいながらも比較的、好ましいポジションにつけている。それは、広島人にとって明るい希望である。

そのことをさらに進化させていくために、繰り返し書いておく。広島市の中心部に自動車（マツダ）を中心にした自動車博物館を造るべきである。そして広島を訪れた人には、原爆ドーム（資料館など）→マツダ自動車博物館→宮島（厳島神社）を回遊してもらい、本当の広島の姿を知ってもらいたい。

この壮大な計画をマツダ出身者が臆面もなく唱えることに対し、いささか訝るような人もいるかもしれない。ただ私は会社を辞めたあとでも、ずっと本気でそう思っている。それが〝ホンモノの街のブランド〟というものだからである。

マツダは人類史上で例のなかった被爆という前代未聞の苦境をくぐり抜け、信じられないような地力を発揮し、叡智を結集し逞しく生き抜いてきた稀有な自動車会社である。もちろんそのとき、天から神風が吹いたようなときもあった。いや、その連続だったかもしれない。

これを陰になり、日向になり支え続けた広島人は、そのことにもっと誇りを持ってよいのではないか。そして、そのことを形（自動車博物館）にして示したい。

郵　便　は　が　き

料金受取人払郵便

広島中央局
承　認

4143

差出有効期間
2026年11月
28日まで

期間後は切手をお貼り下さい

7 3 2-8 7 9 0

644

広島市東区山根町27-2

南々社

「ヒロシマ人の生き方
一言わんと意見」編集部 行

□□□-□□□□	ご住所	
		男　女
ふりがな お名前		Eメール アドレス	
お電話 番　号	(　　　　)　　　—	年齢	歳
ご職業	1. 会社員　2. 管理職・会社役員　3. 公務員・団体職員　4. 自営業　5. 主婦 6. シルバー世代　7. 自由業　8. 学生　9. その他（　　　　　　）		

今回お買い上げの書店名

市区
町村　　　　　　　　書店

このたびは、南々社の本をお買い上げいただき、誠にありがとうございました。今後の出版企画の参考にいたしますので、下記のアンケートにお答えください。ご協力よろしくお願いします。

書　名	ヒロシマ人の生き方　言わんと意見

Ⅰ．この本を何でお知りになりましたか。

1．新聞記事（新聞名　　　　　　　　）　2．新聞広告（新聞名　　　　　　　　）
3．テレビ・ラジオ（番組名　　　　　　　　）　4．書店の店頭で見つけて
5．インターネット（サイト名　　　　　　　　）
6．人から聞いて　7．その他（　　　　　　　　）

Ⅱ．本書についてご感想をお聞かせください。

Ⅲ．最近お読みになって面白かった本をお書きください。

Ⅳ．今後、お読みになりたい企画がありましたら教えてください。

南々社Instagram
NANNANSYA_BOOK

ご提供いただいた情報は、個人情報を含まない統計的な資料を作成するために利用いたします。

広島の街には、マツダ車の販売によって世界中から入ってくる〝マツダマネー〟が静かに、そして大量に流れている。その世界からの流れに呼応する形（人を吸引する力）が必要なのである。一流の企業は、一流の都市から生まれる。あなたの住む平和都市・広島には、まだ無限の可能性が残っている。あなたの考え方や行動次第では、世界に羽ばたく街になれるのだ。

いま世界の中心に立つことをたどろぐようでは、戦艦大和の建造などで多くの技術を遺してくれた先人たち、そして果敢に海外に出かけた広島の先人たちに申し訳が立たないのではないか。

私たちが導入したマツダブランドシンボルは「マツダの名に由来するアフラ・マツダ（Ahura-Mazda）のシンボルである〝翼〟をイメージの原点とし、未来に羽ばたく姿を〝M〟の形に象徴したもの」である。

もうすぐ創立１０５年。これからの１００年をマツダはどう羽ばたいていくのか、ヒロシマ人の一人として生きている限り見届けたい。広島には、限りない夢と希望がある。

第5章
国際社会と日本人

日本くらい
他国から尊敬され
信頼される国はない

海外出張でバーレーンを訪れる
（1990年）

私は32年間、マツダで働いた。その間、ひと時も休まず、昼も夜もひたすらマツダ社員であることを気持ちの芯にして生きてきた。振り返ってみると、つくづく〝よくやったなぁ〟と思うのが実感で、言ってみれば、精魂を使い果たした感がある。従って「もう一度やれ」と言われても、もうできない。

なかでも1997年に制定したマツダブランドシンボル（前掲）は、私の〝半生の証〟のようなものだった。

その制定からもう27年が経つ。なのに、すべてをまるで昨日のことのように覚えている。もし他人にマツダで何をしたのか、と問われるなら、私は躊躇なく「7年間もかけて自ら考え企画し、対抗する人たちを押し切って、マツダブランドシンボルを導入した」と答える。

その導入プロセスでは、ありとあらゆる難局に直面した。例えば「シンボルの製造手配は、発案した部門でやってほしい」「シンボル装着は乗用車に限り、商用車は除く」等など、いまでは考えられないような抵抗が多々あった。

その都度、社内を走り回り、その意義を説明（説得）したが、おそらく一番大切だったのは、そのプロセスで得られた社員の意識と結束だったと思う。

そのことが仕事として一番の成果（思い出）だったと思うが、その仕事とは別に、マツダで「人間としての芯を創る」みたいな得難い体験をさせてもらった。それは1984年～97年に携わった14年間の海外営業で得た人間感覚だった。

その間、55回の海外出張で訪れた国は40か国近く。時間で言えば、合計で3年間近くも海外で過ごしていたことになる。このとき得た感覚は、いまでも私の体内のド真中を貫いている。

その感覚のエッセンスを先に書いておくならば、「日本という国は、世界のどこにもない（また共通点の少ない）唯一の国だった」ということである。日本以外の国々には、民族、言語、文化、習慣などにどこか共通点がある。しかし、日本にはそれがない。つまり日本は、世界のどこにもない〝特異な国〟だったのである。

この感覚は、私だけでなく、おそらく世界中の国々の〝地球を達観できる人たち〟が共通に持っているのではないか。そのことを実感している日本人は、日本以外の複数の国で、長く滞在し仕事などに従事していたごく少数の人たちであろう。残念ながら、一過性の海外旅行でこの感覚を得るのは難しい。

曖昧天国、ニッポン

『日本人とアメリカ人』（PHP研究所）の著者・山本七平は、「日本は八百長的合意のある国」と表現している。八百長というと、どこか悪いイメージがある。ところが日本人の曖昧さ、二重性は決して悪いことではない。

米国はどことなく怖い国だが、日本の怖さとは質が異なる。争いが起きると、米国なら不幸にしてピストルでズドンと一発ということもありうるが、日本ではあれこれとインネンは付けられるものの、どこかに妥協点があり、なんとなく決着がつく。つまり日本という国は、八百長的妥協で成り立っているというのである。

しかし2023年から多発している「闇バイトによる強盗事件」などは、完全にそのイメージから外れ、一部の真面目な日本人を震撼させている。外国（フィリピン）から〝ルフィー〟と名乗る人物が「あれを奪え！」「さあ、殺せ！」とスマホで指示を出していたのである。

あのとき日本人の多くが「ついに日本もここまで来たのか」と憂い、戸締りを強化し、防犯カメラを取り付けた。

いまなお闇バイトによるテレビドラマみたいな事件が後を絶たないが、しかしまだ日本社会は、構造や流れる空気（風潮）のようなものが米国のようにはなっていない。

なにごとも白黒をはっきりさせて生きていく米国社会。できるだけモノゴトを曖昧にしておいて、イザというときに決着をつける日本社会。その違いは、生活空間のあちらこちらに形として表れている。

例えば、米国には酒の自動販売機がない。出張中に安いホテルの一室で缶ビールを…と思っても、酒屋に行かない限り、それをゲットできないのである。もちろんこれは、未成年者が酒を買うのを防ぐためで、法律と社会システムに矛盾がない。

ところが日本ではどうだろうか。ホテルのロビーをはじめ、いたるところに酒の自動販売機が置いてある。つまり未成年者でも、その気になれば、自由に酒が買えるのだ。一方で禁止しておいて、一方で自由に買えるシステムがある。

最近、スーパーのレジなどで形式的に年齢確認をするところが増えてきた。しかしそこで軽いウソをつけば終わりである。

この違いは、日常生活の行動にも表れる。米国人と会食する際は、必ず事前に会計をどちらが負担するかをはっきりさせておかなければならない。ところが日本人の場合は、ともかく食事を開始する。互いに暗黙の了解が成立している場合は、コトは何も起こらない。しかしそうでなかった場合は、レジ前で伝票を奪い合うというみっともないシーンが展開することになる。

そう言えば、日本人には手紙などで、当たり前のように使う定番の言い回しがたくさんある。

「お近くにお越しの際は、どうぞお立ち寄りください」

これを真に受けて、本当に立ち寄ると、玄関先で冷たい対応が待っている。

「ご用件は、何ですか？」

ともかく日本人のやりとりは奥が深い。このメンタリティに少し近いと感じるのは、同じ島国の英国、それにスカンジナビア諸国の一部（ノルウェー、フィンランド、デンマークなど）である。

白黒文化とグレー文化

米国を象徴する会社だったフォードが、マツダの経営に乗り出したのは1996年6月に持ち株比率を25％から33・4％に引き上げたときのことである。そのとき日本の自動車会社に初めて外国人社長（ヘンリー・ウォレス）が誕生した。

そのフォード主導の下で、私は経営企画部（T部長）とともに、フォードが目指す組織作りに携わった。そして日本の自動車会社で初めて「マーケティング本部」を設立した。

なかでも大切に考えたのは、その中心になる「ブランド戦略マネジャー」である。この人選に入ってから、突然、上司のようになっていたT部長からこう伝えられた。

「ブランド戦略マネジャーは、もちろんキミだよ」

こうして私は図らずも、マツダの初代ブランド戦略マネジャーに就任することになった。このとき期せずして、良い流れができた。フォードの力を借りることによって、それまで難航していた「マツダブランドシンボル制定」への道が開けたのである。

具体的に書けば、ウォレス社長の最初の経営会議で「統一プロダクトマークの制定」を決議し、その1年後（1997年）に社章変更とともに「統一プロダクトマークからブランドシンボルへ」と定義（役割）を変更したのだ。

歴史とは奇なるもので、マツダのフォード化によって、その副産物としてマツダに新たな一ページを開くことができた。


米国式ビジネスは、まるでオセロゲームのようだった。常に白黒をはっきりさせてビジネスを進めていく。つまりグレー（中間）のピースがないのだ。この際、一番困ったのは高いポジションの人が「白」を置くと、「黒」だった人がいっせいに「白」に変わるという、目まぐるしい変化だった。

一方、日本式ビジネスというのは、将棋ゲームのようだった。駒の動きに一人ずつ、それぞれ特徴がある。例えば、着実に一歩ずつ前に進むのが「歩」（平社員）である。これが相手陣地に入り込むと「ト金」にだってなれる。

面白半分に書くと、「金将」や「銀将」は、まるで財務・経理の人たちのようだった。何事もお金を封じられると、仕事ができない。

社内にはひたすら真っすぐに進む「飛車」や「香車」のような人。斜めにめっぽう強く駆け引きに長けた「角行」のような人。さらに個性派なのに頭に「歩」を打たれると身動きがとれない「桂馬」のような人。つまり、古くからある日本企業の伝統的なやり方は、それなりに面白かったのだ。

しかしマツダは、次第にフォード色（オセロゲーム）に染まっていく。社内ではネイティブ英語、カタコト英語、広島弁を含む日本語、さらには英語と日本語が混じったような不思議な言語も飛び交うようになった。

「白」か「黒」か、あるいはどんなときでもグレーの諧調（濃淡）で決着をつけようとする日本のやり方との違いは、一つ見方の軸を変えれば「対決文化（フォード）」と「協調文化（マツダ）」の違いでもあった。

会議の行方

人間のコミュニケーションには、言語（文字含む）によるものと、非言語によるものがある。前者は理性的なものが多く、後者は非理性的なものが多く含まれる。後者には、感情的なコミュニケーションが加えられるので、その人が育った環境や国民性によって、かなり分かりにくくなる。この点でフォードとのビジネスは難を極めた。

こうなると、考え方や習慣の異なる二者のコミュニケーションのなかに割って入る通訳の役割が大切になる。その通訳の一番の仕事は、事前学習であろう。そもそも発言の内容が分からなければ、訳しようがないからである。事前に発言者と面会し、学習しておかなければ、期待されるような仕事はできないのだ。

そういう場を重ねていくうちに、私はあることに気が付いた。通訳というのは「訳す」という仕事上、二者の言い分を十分に、かつ中立的に聴いている。たいてい論点のやりとりを聴いただけで、どっちが正しいのかが、すぐに分かる。

私はこの原理を利用し、とにかく通訳の人を大切にした。もし通訳が理解できなければ、相手を説得することなどはできないからである。いまだから書くが、私はフォードとのやりとり（議論）で、負けた記憶がほとんどない。

そのコツを書いておく。まず通訳と思いを共有し、とことんその主旨を理解してもらう。例えば、中立のはずの通訳が、相手を説得してくれるような状況に持ち込めれば、状況は一気に有利になる。もしそれでも窮地が訪れたら、今度は通訳に頼らず、自分の言語を英語に切り替え、できるだけカタコト英語で説得に入る。

この辺りで、相手が折れてくることが多かった。なぜだったのかよく分からないが、相手は2

対1の状況となり、その迫力に負けてしまったのかもしれない。つまり異国の地で、ひょっとしたら自分の方が孤立して浮いてしまっているのでは…という幻想みたいなものが湧いてきたのではないか。

それと、もう一つ。よほどのことがない限り、持論というのは曲げないことである。途中で少し相手の言い分に理があると思っても、ひるまずに主張することである。一般的に書けば、日本人は思考が軟らかくて、諦めが早い。

私が会社を辞めるとき、皆からもらった色紙（寄せ書き）のなかに、この点に関する言葉（ヒント）があった。ある通訳がこう書いていた。

「迫さんはフォードからのどんな説得にも応じず、いつもマツダとして毅然としていました。カッコ良かったです」

この言葉は嬉しかったけれど、一方で、私が「社内で頑固者として知られていたこと」を悟った。ただもし私がそうでなかったとしたら、マツダであのブランドシンボルが日の目を見ることはなかったかもしれない。

またその一方で思うに、マツダのような大きな組織で、このような仕事をさせてもらえたのは、それを許してくれた周囲の寛容すぎた社員たち（フォード含む）のお陰だった。

英会話は遊び感覚で

なぜ日本人は、小学校の高学年から中、高校で8年間も英語を学ぶのに、ほとんどの人が英語を話せないのだろうか。この点、同じく8年間、学校で英語を学び、ほとんどの人がネイティブのように英語を話すインド人と比較してみよう。

インドは国民の約80％がヒンズー教徒で、公用語はヒンディ語である。学校ではキリスト教徒が約2％しかいないのに、長い間、英国の植民地だったせいもあり、みんな英語を学ぶ。

インド人は、日本人とほぼ同じくらいの時間しか英語を学んでいない。しかし、ほとんどの人が英、米国人と区別がつかないくらい流暢な英語を話す。というか、聴きやすさ、分かりやすさで言えば、おそらく世界で一番教科書に近い英語を駆使している。発音、文法、単語の選び方ともに完璧に近いのである。

日本人との違いをズバリ書くならば、そこに決定的な国民性の違いがある。日本が島国だという物理的な環境もあると思うが、日本人には〝恥の文化〟というか、人前で間違えることを必要以上に恥じる心理（文化）がある。つまりカタコト英語で、恥をかきたくないのである。

ところがインド人には、その感覚が少ない。せっかく習った英語なのだから、たとえ間違っていても、恥ずかしがらずにどんどん使う。そのため低学年の教室では、習ったばかりの間違いだらけの英語が飛び交う。

その子どもたちが大人になれば、いつのまにか英国人よりも分かりやすい英語を話す。何事にも、ポジティブな探究心があるからだ。とことん挑戦するインド人のすごさは、ＩＴ技術の面でも顕著である。いまＩＴ産業が集積するシリコンバレー（米国）にある会社のトップには、インド人が多い。

私の国際感覚で書くならば、いま急に力をつけてきた中国に注目が集まっているが、近い将来、インドが世界を主導する国の一つになると思う。

人間が他の動物と異なっている点の一つが、多様な言語や文字を操ることである。それらを自由に使いこなせる国民が多いとしたら、自然、国際的地位は高くなる。

総じて、英会話は遊び感覚でよい。私は、欧州の田舎で何度も不思議な体験をした。相手が何語で話しているのか分からないのに、何を言っているのかは１００％分かる。特にお酒を飲んでいるときなどは、何語でも構わない。言語とは、本来そういうものである。

日本人はこの点について、引け目を感じる必要は全くない。英会話は苦手でも、世界を引っ張っていくことはできる。英語がうまく話せなくても、人として信頼されているからである。このこともまた、日本人がほかの国の人たちと異なる点の一つであり、世界にあまり例がない。

フォードから学んだもの

マツダにとってフォードと共に歩んだ長い時間は、いったい何だったのだろうか。その感じ方は、人や立場の違いによって斑（まだら）のように異なる。

その一方で、そんな時期があったからこそ、いまに続く逞しいマツダが出来上がったという話には一定の説得力がある。私はこのときマツダ社員たちが体験したことが、その後のマツダ復活の大きな原動力になったことを信じて疑わない。

私はフォードがマツダの持ち株比率を引き下げて、明らかに手を引きはじめたと思われる2008年までを「フォード支配期」と名付けた。その間、マツダがフォードから学んだことは、限りなくたくさんあった。これを大雑把に括ると、次の「3つの主義」に集約されるのではないか。

（一）徹底した合理主義
（二）公開主義
（三）ディベート主義

これらを簡単に説明してみたい。1997年頃から、フォード流の「合理主義」が社内のいたるところで浸透しはじめた。

その施策の一つが、ノンコア資産の売却、不採算部門の整理だったと思う。例えば、過去のしがらみによって継続されていた…と思われる事業、そして直接、利益を生み出さない事業は容赦なくその対象になった。

かつて「東洋工業サッカー部」として一時代を築き、その後プロ化したサンフレッチェ広島は、そのときマツダからの資金支援が見直され、エディオン（当時、デオデオ）の支援を仰ぐようになった。

また関西を中心に供給されていたタクシー、全国の教習所で使われていた教習車などは、採算性が十分でないとして事業そのものが廃止された。

そしてフィールズ社長の時代に実施された「宇品第二工場の閉鎖」と「１８００人（実際は２２１０人）の間接社員の削減」は、社会を揺るがすほどのインパクトを与えた。

さらに購買部門の合理化は徹底していた。いわゆる〝ケイレツ〟が見直され「世界最適調達」という新たな方針が打ち出された。つまり日本の自動車産業特有の〝ケイレツ〟という概念が否定され、世界中のどこからでも、最適と思われる部品を調達してくるというやり方が定着したのである。

当時、一部のマツダ関連会社の社員が途方にくれるというニュースが、何度もテレビ画面で放映された。

次に「公開主義」についての話である。それまでの日本企業には、底辺に特有のやり方が蔓延していた。そういう環境のなかでは、何か問題が起こりそうになると、まずそれを隠そうとする力が働く。公表するのは、問題を解決してからのことだった。

ところがフォードという会社には、そういう風潮が全くなかった。社内では、すべての人が情報を公開（共有）し、仕事を進める。私の印象では、何かミスが起こると、彼らはむしろ奮起した。それを公開し、克服していくプロセスを見てもらい、それを手柄にしているようなところもあった。

その後、そういうやり方が日本社会でも常態化し、金融機関などでは「ディスクロージャー」という言葉が定着した。この言葉のウラには、耳に心地よいことはさておき、聞くに忍びないような不都合なことをポジティブに公開していくというニュアンスが含まれている。

これらの話は、もう一つの「ディベート主義」にも繋がっていく。例えば、マツダの最高意思決定機関である経営会議。フォード社員は、何かコトが起こると、経営会議で議論し決着させることを目指した。

ところが日本人社員には、禍根を残してはいけないという思いが心底にあったからだと思う。

ひたすら経営会議での議論を避けた。経営会議というのは、あくまで決定された事項を承認する形式的な手続きを行う場だと思っていたからである。

つまり、それまでの日本企業の風土で言えば、すべてのことは波風立てずに円満に進行されなければならないのである。この違いは、非常に大きかった。小さな社内会議でも、議論が紛糾すると、フォード社員は「いい会議だった」と評価した。

これは対決を厭わないタテマエ文化と、ひたすら協調を目指すホンネ文化の違いでもあった。ただビジネスの世界では、日本人のホンネ文化（協調姿勢）がウラ目に出ることの方が多かった。この際、忖度などはもってのほかなのである。

特に、さまざまな民族がかかわる国際ビジネスにおいては、正論を軸にしたタテマエ文化でなければやっていけない。つまり日本企業で真の改革を行おうとすれば、対立（議論）を恐れていては実行できないのである。

「公開主義」と「ディベート主義」は、マツダが長い時間をかけてフォードから学んだ仕事の進め方だった。

もちろん人間のやることなので、必ずミスは起きる。その場合は速やかに、そして誠実に問題を処理する。フォード主義の影響をもろに受けたマツダには、ごく最近までそういう企業風土があった。

しかし2024年6月。私は、唐突なニュースに驚いた。国土交通省がトヨタ、マツダ、ホンダ、スズキ、ヤマハの5社について、自動車などの大量生産に必要な「型式認定」の認証申請に不正があったと公表したのである。

マツダは14年以降に生産した約15万台の衝突試験やエンジン出力試験に不正があったことを認め、毛籠勝弘社長が陳謝した。

「試験の手順書に不備があり、現場レベルで独自の解釈をしてしまった」

その背景には、まだ省内に時代遅れの規定が残っているなど、認証制度自体に課題があるという指摘もあったが、ともかく法令違反は許されない。

おそらくこの種の不正は、フォード支配期とその直後では決して起きなかったと思う。ただそれでも、私は信じている。フォードのやり方を真剣に学んだマツダ社員には、元来から誇るべき資質がある。それは、日本で一番多く海外移民を送り出した広島県人（多くが安芸門徒）の気質と無関係ではないように思う。

岩中祥史の『広島学』（新潮文庫）によると、「広島県人は明るい働き者が多く、どこに行っても雇用主の信頼を勝ち取ることができた」というのだ。

この指摘は、フォードとマツダの関係でも見てとれる。概して書けば、広島人は探求心が強く、それを素直に受け入れる資質が備わっているのだ。

世界から尊敬される国

繰り返すが、私はマツダの海外営業で14年間、そして何の因果か、マツダにやってきたフォードの人たちと会社を去るまでの5年間、つまり合計19年間も、主に日本人以外の人たちと仕事をしていた。

いったい私は、何者なのか。そこで体験した何とも説明しにくい立ち位置と距離感。そしてときに激しいやりとり、ときに繊細な駆け引き、ときに人間的な親しみなどによって、ありとあらゆる経験をしたような気がする。

そこから生まれた国際感覚は、長く日本に住み続け、たまに外国人と接する大多数の日本人とはかなり異なるように思う。

誤解を恐れず、思い切って書かせてもらうなら、いま世界の大国のなかで日本くらい他国から尊敬され、信頼され、脅威を与えない国はないと思う。それは世界市場に溢れる日本製品はもちろん、日常のビジネス、国際プロジェクトのような事業、開催される国際イベント、さらには観光、人的つながりにおいても同じ印象である。

その根底にあるのは、世界で類を見ない国民的な勤勉さのほかに、第二次世界大戦で一時、明らかに好ましくない国の一つになったのに、またその敗戦国だったのに、これを深く反省するでもなく、また反省しないでもなく、いつのまにかやんわりと決着をつけてしまう、したたかな柔軟さだったように思う。

さらにあれだけ軍備を整え、東南アジアの一部の国を侵略したのに、気が付いてみると、世界のどこの国にも存在しない「憲法第九条」を掲げ、もう絶対に戦争はしないと宣言している。２０２１年頃には、日本の「憲法第九条」にノーベル平和賞を与えるべきだという議論まで起きた。

この点、昨今の日本人は「憲法は形骸化している」と考えている人が多いようだが、それは、あまりに自国のことを知らない無知ではないか。実は、世界中の国々の人が日本を「憲法第九条を持つ国」として高く評価しているのだ。そのことを知らない日本人が、いま「憲法改正だ！」と気勢を挙げている。

このドタバタは世界から見ると、不思議である。どこの国からも侵略される可能性は低いのに、また侵略されないようにする道はいくらでもあるのに、政府が巨額の軍事費を用意し、近隣諸国に不安を与えている。せっかく戦争はしないと宣言したのに、80年経つと、もうその箍《たが》を外そうとしているのだ。

２０２３年に岸田文雄・前首相が、こともあろうに軍服を着て戦車に乗るシーンが公共テレビで放映された。このシーンが世界の一部の知識人を震撼させたことをご存知だろうか。憲法第九条を持つ国が、いったい何をするのか…。

日本は、世界のどの国よりも他国から尊敬されているのに、一部の人が一丸となって〝フツーの国〟に引きずり下ろそうとしている。これが世界から見て、不思議でならないのである。

日本人は、口先で支援を唱える西欧諸国とは異なり、実際に力仕事によって井戸を掘ってくれるし、水路を造ってくれる。これらの活動の本質については、2019年にアフガニスタンで凶弾に倒れた医師・中村哲さんの言葉を思い出すとよく分かる。

「医師よ、信念はいらない。まず命を救え！」

この言葉が、海外で働く日本人の魂に一番近い。もっと書くと、いま日本という国を一人の人物に象徴させるとしたら、異国でさわやかに活動する大谷翔平（米ドジャース）ではないか。平和ボケで大いにけっこう。どう想像しても、いま大谷に機関銃を持ってもらうのは著しいイメージダウンになる。

2024年。自民党の総裁選を制したものの、その後の衆院選で大敗を喫した石破茂内閣総理大臣は「日本の核共有」に言及している。いったい彼は、世界から信頼される日本をどこに導こうとしているのだろうか。

以下に改めて、誰でも知っている「日本国憲法第九条」の条文を掲げておきたい。

〈第九条〉

（一）日本国民は、正義と秩序を基調とする国際平和を誠実に希求し、国権の発動たる戦争と、武力による威嚇又は武力の行使は、国際紛争を解決する手段としては、永久にこれを放棄する。

（二）前項の目的を達するため、陸海空軍その他の戦力は、これを保持しない。国の交戦権は、これを認めない。

日本人の互助精神

かつて広島、岡山を中心にして起きた西日本豪雨、それに熊本地震、能登半島地震…。どんな災害においても、例外なく人々の心を癒すようなニュースが流れる。それは民間団体、個人などによる献身的なボランティア活動である。

その人たちは、まるで自分ごとのように被災者に寄り添い、泥まみれになって清掃、撤去作業などを手伝った。日本では、こうしたボランティアの人たちの姿が当たり前のようになっている。しかしこの光景は、世界的に見てフツーのことではない。日本人の互助精神は、世界にほとんど例を見ないのである。

ご存知だろうか。世界にはODA（政府開発援助 Official Development Assistance）というプログラムがある。各国の政府または政府機関が、開発途上国に資金供与（贈与又は貸付）や技術供与を行うもので、かつて日本は世界最大の支援国だった。その理由の一つは、この制度に戦後の賠償という意味も含まれていたからである。

例えば1979年から日本は中国に対し、6兆円近くを拠出し、橋、鉄道、空港などのインフラ整備に貢献した。ところが日本国内で、その一部が軍事目的に役立てられているのではないかという懸念が示され、また中国がほかの国へODA活動を開始したことなどによって、その後、拠出は中止された。

しかし日本のODA活動とその精神は、いまでも東南アジア、中東・アフリカ諸国を中心にして生き続けている。

2000年代に入ってからの話である。大学の卒論で「世界のODA」を取り上げる学生が数人いた。彼らは担当教員の指導を仰ぎながら、皆一人でその対象国（援助を受けた国）を訪れ、実態調査を行った。

私がマツダで海外営業を担当していたときの経験からして、「いまどきの若い人（学生）はすごいなあ」と思った。そして彼らの報告会に参加し、話を聴かせてもらった。

その一人は、日本の支援によって、ある国の地方にダムを建設したケースについて報告した。彼の調査・報告によると、ダムは防災や農業用水として有効に活用されており、多くの住民から、彼の訪問・調査が学習目的だったにも関わらず、予想もしなかった感謝の言葉が伝えられたという。

またもう一人は、別の国の治水事業の報告だったが、技術者として赴いた日本人の名前が石碑に刻んであったという。

翻って、巨額の投資で国家インフラの建設を支援する某国のケースでは、その利用が計画通り進まず、債務不履行に陥った事例もあったという。またその某国が、開発途上国に対し、あらぬ政治的圧力をかけることもあったと聞く。こうなると本末転倒で、いったいどういう目的の支援なのか分からなくなる。

ご存知だろうか。古代ギリシャのテミストクレス将軍に、次のような言葉がある。

「金で信用を作ろうとしてはならぬ。しかし信用で金を作ることは考えてよい」

この意味は、金で信用を買うことはできない。しかし信用が十分あるなら、金を作ることを考えても摩擦は起きない（自然だ）ということである。

某国のそれに比し、日本のＯＤＡ支援は、概ね現地の人の心を掴み、まるで自分ごとのように運営されている。それは、国内の災害時のボランティア活動と同じ互助精神に基づいているからだと思う。

ほかにも大学では、独立行政法人・国際協力機構（ＪＩＣＡ）から非常勤講師を招き、ＯＤＡ事業以外にも、いろいろな国際プロジェクトに参加させてもらった。具体的に書けば、大学で学生たちが活動を起案し、国家の承認を得て予算を与《あずか》り、学生たちが勉学目的で事業に参加させてもらうというものだった。

学生たちがそこで感じた、それぞれの国の日本に対する向き合い方というのは、私が14年間も海外営業に携わったときに感じた向き合い方と同じだった。

当時、私の上司だった海外企画室・Ｏ室長の言葉を思い出す。

「ネジ一本でもいい。どんなに小さなことであっても、現地の人たちに役立つことを考えよう。ソロバンはあとからでいい」

世界の中心に立つ

異なる国の人たちが一緒に仕事をするときに、気に留めておかなければならないことがある。それはどんな国のどんな人にも、ウラの気持ちとオモテの気持ちがあるということである。

時々問題になるのは、国際ビジネスや外交の世界に、ウラの気持ちが顔を出してくることである。

白黒文化の欧米では、ウラの気持ちがビジネスや外交の場に出てくることは少ない。しかしグレー文化の日本の場合は、ウラとオモテが〝時と場合〟を構わずに、平然と表に出てくることがある。日本では一つ間違えれば、ウラを上手に操る人の方が優秀だと思われたりする。

いまでも中東・アフリカ諸国などでは、ウラの話（気持ち）をうまく操れる人の方が、偉くなるという傾向がある。

そのこと自体は、決して否定されるべきことではない。例えば、アフリカの小さな国で皆から信頼される長老（首長）が、すべてを決めるという風習（統治法）があったとしよう。それが円満に運営され、皆が幸せに感じているなら、それはそれでよいのではないか。むしろ、ムリに民主主義のようなやり方を押し付ける方が問題である。

ただこのところの日本は、特にビジネスの世界では、徐々にそういうグレー文化のやり方が薄まり、白黒文化の欧米スタイルが前面に出てくるようになった。つまり忖度無用、ルールに従って公明正大にコトを進めるというやり方である。

再び、第2章で書いた核兵器禁止条約の話である。

もし日本が米国に「締結国会議にオブザーバーとして参加する」と表明すれば、初期反応として米国は、表向き難色を示すかもしれない。しかし米国は、自分たちに反対する権利がないことをよく知っている。

実際に日本がそこに参加しても、おそらく米国はそのことについて、さほどの関心は示さないはずである。むしろ心の底では一人ひとりの良心に従い、拍手を送ることさえ考えられる。そのことは私がフォードの人たちと仕事をした感覚で書くと、ほぼ99%間違いない。その際は、多少苦言を言われても堂々と胸を張って行動することである。

米国はいつも国益に根ざして行動し、他国にもそうしてほしいと願っている。しかし米国に原爆を投下された日本には、核問題に関して独自のスタンスがある。そのことを彼らは十分すぎるくらいに知っている。つまりこの問題に関し、日本の行動に異を唱えるようなことはありえないのである。それが国際感覚あり、常識である。

そしてもう一つ。いまの世界情勢のなかで、軍備を増強させ、自国防衛を唱え、意を決して武力行使に打って出ても、日本はどこの国にも勝てない…と思う。もう国家の根本（体質）が、80年をかけてすっかり変わっているからである。

この際、日本に欠けているのは、軍事力ではなく、指導者のリーダーシップと勇気である。ここで米国に忖度することとくらいレベルの低い外交はない。これはフォードの人たちと一緒に仕事をした私の動かざる感覚である。日本政府には、もっときっちりと本音を語ってほしい。そうでなければ、外交にならない。

広島出身のリーダーとして岸田文雄・前首相が、明確で力強い方針を打ち出していれば、短期的な外交評価とは別に、米国を含む国内外で高い支持を得ることになっていただろう。そしてもちろんその名は永遠に歴史に刻まれていた。

果たして平和問題において、国家間、団体同士で忖度するような余地がどこかにあっただろうか。そこに難しい問題などは何もない。ただ人類の存続のために必要なことを正しく主張していくだけでよいのである。

私たち広島人は、そのことを当たり前のように正しく、強く、諦めずに訴え続けることができる最もふさわしい街に住んでいる。

歴史を学んだ子どもたちなら、すぐに分かる。学校の教科書に目を通せば、人類史上、戦争で解決したことなどは、時空を超えた史観で見る限り、ほとんどないのである。

戦争は次世代の人々に決して消えない遺恨を残すだけであり、国際社会、国家間に負のスパイラルを生むだけである。

言葉を代えれば、戦争に本当の勝者はない。強いて言えば、両者が敗者となる。人間社会では両方が勝者にならない限り、本当の決着はつかないのである。

日本、特に広島、長崎にはそのことを十分に知り得る悲しい過去がある。もちろん一過性の紛争によるどんな死災も許されないが、特に被爆の場合は、その人の生涯だけでなく、末代まで放射線被害などの影響に悩まされるのだ。

私もその一人だが、その中心に立つ広島人、長崎人が、このことを叫ばないでどうするのか。私たちはいま、ある意味で、世界の中心に立っている。

賢明なあなたは「ファイナル・ボキャブラリー」という哲学用語を知っているだろうか。それは意見の異なる人間同士が言い争ったときに、議論をストップさせるほどの異次元の深い言葉のことを指す。それが「ヒバクシャ」であり、「ヒロシマ」「ナガサキ」なのである。

いま世界は、軍拡と対立の負の連鎖に陥っている。それを断ち切るためには、かつて当事者だった、あるいは当事者の意を汲む若い人たち（2世、3世）が勇気をもって、その先頭に立たなければならない。

もしこれから先、世界のどこかで再び核爆弾が使用されるようなことがあったとしたら…。私たちには、それを人間として阻止する責務があるのだ。

第6章

平和の証
―カープとサンフレッチェ

灰色だったヒロシマの街が
カープの赤
サンフレッチェの紫で染まる

エディオンピースウイング広島（2024年）

いま広島といえば、即座に「カープ！」と答える人が多くなった。おそらく純粋想起で「原爆ドーム」「宮島」「お好み焼き」などと並ぶだろう。また広島を紹介する全国区のテレビ番組では「マツダスタジアムの赤い風船飛ばし」を見せて「カープの応援歌」を流すのが、すっかり定番になった。

しかしここまで来るのには、半世紀を超える長い歳月を要した。カープ史もまた、廃墟の地から逞しく立ち上がる市民（被爆者）の街の復興物語（プロセス）と、切っても切れない深い繋がりを持っているのだ。

まだ原爆投下から4年しか経っていなかった1949年のこと。広島県、広島市などの地方自治体、地元の有力企業、一般市民などが出資した「広島野球倶楽部」が発足。チーム名は、広島城の別名〝鯉城〟に因んだ「広島カープ」になった。

1950年1月15日。現在の広島県庁（中区）付近にあった西練兵場跡地に、2万人を超える広島市民が集まった。そのわずか3か月前に創設された「広島野球倶楽部」のチーム結団式を行うためだった。

未知への旅立ち。そのときはプロ野球チームとしての体裁を整えるため、すでに他球団を引退した選手の名前まで借り出された。言ってみれば、海図なき船出。まだ選手の給料を払う資金繰りのメドすら立っていなかった。真冬なのに、空に十数匹の鯉のぼりが泳ぐ。

そのとき広島人の心の芯にあったのは、原爆投下という人類史上はじめての惨禍から立ち上がろうとする切なくも力強いエネルギーだった。カープとともに街を復興させたい。そこにあったのは、生きていくために何かをしなければならないという、人間の本能みたいな…というか、〝生きる者の意地〟のようなものだった。

広島の戦後史を語るとき、常にその中心を貫いていたのは、市民と苦楽を共にした〝カープ〟という名のしがない球団だった。

樽募金

カープは日本のプロ野球史上、おそらくほかに例をみない、いや全く質の異なる苦難の道を歩みはじめることになる。

1950年（初年度）。カープは8チームのリーグ戦で、41勝96敗1分け（勝率2割9分9厘）で最下位。さらに球団経営もままならない。選手への給料は遅配。市民の熱い思いだけではどうしようもなかった。カープは球団を設立してからわずか1年で、存亡の危機に立たされた。

カープを強くしなければ、お客は来ない。つまり経営が成り立たない。この状況ではじまったのが、いまでも語り継がれる市民による選手を補強するための「樽募金」だった。球場（広島総合運動場）の入り口に置かれた四斗樽。さらに市内のいたるところに大小の募金箱が設置された。結果的に、これがチームを救うことになった。正確に書けば、この精神がチームを救うことになった。おらがチームをなくしてなるものか。いまでも広島市民は、街で大きな樽（展示）を見つけると、お金を投げ込む習性がある。

広い日本のどこを探しても、このような人々が住む都市はない。いまでも広島の街には、人々が肌で感じる世界に一つしかない独特の空気がある。それを一口で表現するならば「樽募金の精神」と言ってもいいかもしれない。

市民の限りない情熱。代償なき応援。果てしない夢…。そこには、人間が生きていくうえで最も大切な互助精神が息づいている。

カープ球団は、創設以来、特定の企業を親会社に持ったことがない。そのため何かコトが起こると市民が立ち上がって、その都度チームを存続させてきた。そのためいつしか〝市民球団〟と呼ばれるようになった。

いま広島に住む人たちは、カープが日本のメジャー12球団のなかで、唯一〝市民球団〟と呼ばれることについて、もっと大きな誇りを持ってもよいのではないか。

カープという球団は、一度も特定の企業や団体の認知・イメージ向上、販促などのために試合をしたことはない。

ピースナイター

かつて市民の熱い声援を背に受け、グラウンドで戦う選手たちのなかに、8月6日に特別な思いを寄せる選手がいた。

広島出身で盈進高から倉敷レーヨンを経て、1955年にカープに入団した藤井弘は、3年目に頭角を現し、カープの4番を打つようになった。

彼は、原爆が投下された日（8月6日）に戦うことについて、こう語っていた。

「正直に言って、私はその日に戦った試合のことは、ほとんど覚えていないんです。私の妻は兄を原爆で亡くしていました。その日はずっと〝祈る日〟だと思っていましたので…」

またその日のことについて、1956年にカープに入団し、のちに監督を務めた阿南準朗も次のように語っている。

「やっぱり街全体に厳粛な雰囲気が漂っているなかで、自分たちは〝こんなことをやっていていいんだろうか〟という気持ちがありました」

自分たちは不謹慎なのではないか。こうした藤井、阿南のような心情は、ひょっとしたら多くの市民の心情と同じだったのではないか。こういう空気を受けて広島市は、世に稀な条例を制定することになった。

市は広島市民球場が開場した１９５７年に、８月６日に試合ができないよう、その日を「休場日」に設定したのである。それ以来52年間も原爆記念日の前後に広島で、プロ野球の試合が行われることはなかった。

この歴史に新たなページがめくられたのは、２００９年にマツダスタジアムが開場してからのことだった。市は「スポーツを通じて平和への願いを深めてもらいたい」として、条例施行規則を改正した。

この背景には、被爆からすでに64年（当時）が経過していたこと。球場が原爆ドームのすぐ隣からＪＲ広島駅東に移転したこともあった。

原爆ドームの横を流れる元安川で、毎年、犠牲者の霊を慰めるための灯篭流しが行われている。さすがに、そのすぐ隣の球場で赤々と照明を灯し、鐘や太鼓の鳴り物入りで応援するのはいかがなものか…ということだった。

しかし、いまのマツダスタジアム（西蟹屋町）なら距離もある。平和を願い、静かに試合をするということは、良いことなのではないかということになった。

マツダスタジアム２年目の２０１０年は、ちょうど被爆65周年だった。同時に、カープ創設60

年という節目の年でもあった。その日の前夜（8月5日）。マツダスタジアムの横浜戦はすでに前年から「ピースナイター」と名付けられ、場内に幻想的な光景が広がった。

5回が終了した時点で、場内にジョン・レノンの「イマジン」が流れはじめる。そしてそれを合図に、球場の全員が予め配られていた緑色のポスターを掲げる。さらに原爆ドームと同じ高さの内野自由席の約1200人が赤いポスターでラインを描く。

選手と審判団の左袖には、平和を願うワッペン。そのワッペンには、丸いマツダスタジアムの右下に原爆ドームが描かれ、そこに刻まれた文字は「Peace Line Message in Hiroshima」だった。

かつて2215試合連続出場の記録などで、国民栄誉賞を受けた衣笠祥雄はこう語っている。

「焦土と化した同じ土の上で野球ができたことは、私の一生の誇りです」

またのちの監督に就任する野村謙二郎は、こう語っている。

「（大分から）広島に来て、原爆被害の実態にたくさん触れました。ユニフォームを着て野球ができる平和を感じました」

こうしてセリーグ日程に従い、広島の地で8月6日前後に「ピースナイター」が開催されるようになった。

因みに2024年シーズンのピースナイターは、8月14日のDeNA戦だった。9回表まで1－3でDeNAがリード。そのウラに走者2人を置き、この試合を特別に思っていた菊池涼介が打席に入る。

菊池は、ＤｅＮＡの抑えの切り札・森原康平のストレートを渾身の思いを込めて上から叩く。その打球が左翼席に飛び込むサヨナラ逆転3ランになった。場内は総立ち。おそらく広島市民にとって、そのシーズン一番の試合になった。

山本浩二

私は、戦後の広島でカープを応援するのは当たり前…という空気のなかで育った。そのため物書きをはじめた人生の後半になってから、実に14冊ものカープ本を上梓することになった。そのきっかけになった人がいる。それは私と同じ境遇で、被爆2世として育った一人の野球少年だった。彼は地元の五日市中学校の同級生で、のちに〝ミスター赤ヘル〟と呼ばれるようになる山本浩二（当時・浩司）である。

彼はその後、夢を追い続けてプロ野球選手になった。山本はその思いについて自著『人間 山本浩二』（交通タイムス社）のなかでこう綴っている。

「子どもの頃、父に手を引かれて広島県営球場へカープの試合を観に行ってから、小学校、中学校、高等学校とまるでプロ野球選手になることを熱病のように考えていた」

山本の家は、私の家と1キロくらい離れたところにあった。彼の家族もまた、ラジオから流れてくるカープ中継に一喜一憂していたのだ。

その頃は全く知らなかったが、家族の被爆について、山本は『中国新聞』のコラム「生きて」（2024年1月16日〜2月22日）のインタビューでこう語っている。

「わしは被爆2世なんだけど、幼少期から原爆の話はほとんど聞いたことがなかったのよ。大人になってからも、ちょろっと聞いた程度。家族の間でずっと禁句にしていたみたい」

彼の場合は、母親、長兄、姉、次兄が8月6日に市内（西区）で被爆し、陸軍にいた父親も、勤務地（大阪）から入市被爆したという。

山本がこの世に生を受けたのは、私より3か月以上遅い1946年10月のことだった。つまりまだ母親の胎内にも存在していなかったのだ。

彼は地元の廿日市高校、私は市内の広島国泰寺高校に進学した。その後、プロ野球の選手になることを目指して法政大学に進学した山本のことを知ったのは、私が山口大学に通っていた下宿のラジオからだった。

NHKの東京六大学野球の実況放送で、アナウンサーが「ヤマモトコージ」の名前を連呼した。そのとき実況アナが山本の出身校を「アマカイチ（廿日市）高校」と紹介した。そこですぐに気が付いた。実況アナが完璧に読み間違っているが、嬉しいことに、彼は確実に東京六大学野球で活躍している。

この話は、『中国新聞』のコラム「生きて」での山本の証言とも一致した。

2年秋の神宮球場。「決勝打でヒーローになったら『甘日市高はどこにあるのか』と聞かれたし、4年の春には新聞に出身校が『甘日市高』と書かれたからね」。

あのとき実況アナは読み間違えていたのではなく、手元の資料（文面）が間違っていたのである。こうして山本は1968年のドラフト1位でカープに入団。以降、私は山本の追っかけになった。

彼の引退後。私が少し気になっていたのは、彼が2019年に複数のがんを患ったことだった。彼は4回も手術をして、見事にこれらを克服した。担当医から「体力があったから」と言われたそうだが、野球で鍛えた強靭な体が、本当に彼を救ってくれたのだ。

彼のことを知らない若いカープファンのために、山本の現役時代の成績をまとめて書いておく。18年間の通算成績は2339安打、536本塁打、1475打点。打率は2割9分。さらにMVPは2回、ベストナイン、ゴールデングラブ賞は各10回を数える。

特に30歳を超えてから〝読みのコージ〟と呼ばれ、長打が目立つようになり本塁打王4回、打点王3回を獲得した。おそらくこれからカープで、山本を超えるような打者はもう出てこないのではないか。

彼は、現役引退後に2回もカープの監督を務めた。そのとき自分が長く務めた〝4番の姿〟を再現させたいと思った選手が、次に書く新井貴浩だったのである。

劇画のような新井貴浩

第21代で18人目の監督・新井貴浩もまた、被爆3世（祖母が被爆者）である。

新井の少年時代の自宅は、旧広島市民球場まで歩いて15分。住んでいた本川橋西側の堺町（爆心地近く）から徒歩で行けた。もちろん大のカープファンだった父親と一緒に、幾度となくそこに足を運んだ。

その頃は、衣笠祥雄、山本浩二、水谷実雄らの全盛期。つまり彼は、カープ黄金時代に広島の街の空気を吸いながら育ったのである。

「山本浩二のような選手になりたい」

いつのまにか少年の心に、ムクムクと芽生えたもの。それが、日を追うごとに雪だるまのように大きくなっていった。

その頃、新井少年が読みふけった漫画本があった。それは、小学校の教室に蔵書として備えられていた中沢啓治の『はだしのゲン』だった。

やがて主人公のゲンが、廃墟のなかで逞しく生き抜く姿（物語）は、新井少年の心の支えになった。担任の先生によると、いまでも残る『はだしのゲン』の本についた手垢のほとんどが、新井少年のものだという。

こういう境遇のせいだったと思う。彼の特異な人間力は、フツーの人の物差しでは測れない。逆境になると、なぜか人々の予想をはるかに越える力を発揮するからである。それは、まるで上等のフィクションドラマを観ているようである。

選手としての新井は、自分の記録にあまり関心を示さなかった。ただひたすらに練習し、全力でプレーし、そしてチームの勝ちにこだわった。

この姿勢に、どことなく広島人（被爆者）に通じる〝雑草魂〟のようなものを感じるのは、私だけだろうか。

その結果、現役20年間の成績は、2384試合に出場し2203安打、319本塁打、1303打点。通算打率は2割7分8厘だった。カープ史で言えば、総じて山本浩二、衣笠祥雄に次ぐ数字である。

また大打者の勲章ともいえる本塁打王、打点王各1回。ほかにも数々の表彰を受けている。セリーグMVP、ゴールデングラブ賞各1回、ベストナイン2回などである。

あの〝ミスター赤ヘル〟山本を慕って、同じ地で逞しく育った無垢な野球少年は、2022年にカープの監督になった。

私は新井こそ、現代版「はだしのゲン」ではないかと思っている。廃墟と化した被爆地から不死鳥のように蘇っていく姿は、まるで中沢が描く劇画のようである。

２０２４年シーズンの新井カープ。９月初旬までセリーグの首位を走っていた。しかし突然、チームは失速し4位に終わった。

しかしここからが〝雑草魂〟の見せ所である。私は3年目の新井カープが、まるで「はだしのゲン」のように蘇っていくことを念じている。

ファン（市民）を喜ばせたい。彼は「カープ家族」という言葉を掲げ、これまでの監督になかったスタイルの采配で、いまカープを引っ張っている。勝っても負けても、優勝してもしなくても、新井の頑張る姿は、広島人の象徴ではないかと思う。

カープと共に生きる

生粋の広島人がカープの監督を務めたのは、山本と新井だけではなかった。

カープ史を振り返ってみると、他にもそれぞれ〝時代の物語〟を紡いできた初代・石本秀一（１９５０～53）、5代・長谷川良平（１９６５～67）、14代・三村敏之（１９９４～98）、15代・

達川光男（１９９９、２０００年）がいた。

彼らは、被爆した広島の地で育ち、それぞれの野球人生を逞しく歩み、強い個性を前面に押し出してカープを引っ張った。

もちろん彼らの物語のなかには、被爆した親族や知人が大勢いた。あの時代、広島に住みながら、そのことに無縁の人なんかいなかったからである。

プロ野球12球団の歴代監督を俯瞰してみると、これほど地元出身の監督を多く起用した球団はない。広島人なら、この長い歴史の先端に、今日のカープがあることを決して忘れてはいけない。

この地にカープが創設されてから75年。その歴史は、単にカープの球史だけに留まらない。広島人なら、想像してみよう。被爆しながら、懸命に生き続けようとした無数の人たちの心の自分史のなかに、カープは〝希望の灯〟として点り続けていたのである。考えてみると、これはすごいことである。

１９７５年のカープ初優勝のとき、パレードの沿道で掲げられた幾多の親族の遺影。亡くなったカープファンの棺のなかに収められる思い出のカープグッズ。カープと広島人の縁は、それほど深い。

広島＝被爆＝カープの結び付きは、これからまだ50年も１００年も続くだろう。いや、皆で力を合わせ、永遠に続けようではないか。

もちろんその一方で、そんなことはどうでもいいのではないかという声もある。広島人のなかにも、スジの通った阪神ファンや巨人ファンなどがたくさんいる。私は、そういう人たちも大好きだ。

しかしたとえそうであったとしても、この地に限っては、カープ狂として生きていった方が楽しい。そこから生まれてくる新たな生きがいのようなものも感じる。そのわずかな心の糧が〝広島人として生きる〟ということなのかもしれない。

東洋工業サッカー部

私がマツダ（東洋工業）に入社した1969年前後に、本業の自動車よりも世間の注目を集めていたことがあった。

それは1938年に創設された「東洋工業サッカー部」が、国内無敵の強さを誇り、巷で話題になっていたからである。あの頃は、東洋工業と言うと「あぁ、サッカーの会社ね」というリアクションが多かった。

社内には小城得達、松本育夫、桑原楽之…等など。日本代表チームに名を連ねる選手たちが多くいた。彼らは皆で力を合わせ、次の試合に向けて社内便（ペーパー）などを使って戦術（攻め方、守り方）のやりとりをしていた。

ほかの社員たちも「サッカーの試合は業務の一部」と認識し、彼らに協力、支援を惜しまなかった。サッカー選手の定時である午後4時近くになると、選手には周囲の人たちが「早く練習場へ行け！」と当たり前のように促した。

知らない人のために書いておく。東洋工業サッカー部は、１９６５年に始まった日本サッカーリーグ（ＪＳＬ）に初年度から参加し、いきなり4連覇を果たした。天皇杯でも後身のサンフレッチェ広島を含め、歴代最多の72回の本大会出場を誇り、決勝進出も歴代最多の14回を数える。つまり日本サッカー史に残る名門クラブの一つなのである。

この「東洋工業サッカー部」の無敵の強さについては、のちに数々のギャグが生まれた。ビートたけしは、股の間にV字で表わす「コマネチ！」で有名になったが、〝あまりに強くて面白くないこと〟を「東洋工業サッカー部！」と表現した。


話は逸れるが、私は一時、１９６８年メキシコ五輪で日本サッカーが銅メダルを獲得したときのメダルを、横浜のマンション（社宅）で保管していた。そのいきさつを書く。

当時、日本代表チームで名フォワードだった松本育夫さんは、引退後、ＮＨＫサッカー解説を担当するなど〝超多忙の人〟になった。あるとき二人で仕事に行ったが、松本さんは先方のリクエストによって、あの「銅メダル」を持参した。

ところがその仕事終わりのこと。松本さんはそこから次の仕事に向かわなければならない。彼が真顔でこう言う。

「迫君、すまんが、このメダルを一時預かってほしい」

そのメダルは、いろいろな意味で重かった。しかし先輩の指示なので、しばらくの間、横浜の部屋（社宅）のタンスのネクタイ掛けの奥にしまっていた。そして松本さんに会うたびに、メダルを返したいと申し出たが、松本さんはいつも「もう少し」と言って引き取ってくれなかった。

そのうち冗談で、ひょっとしたらメダルは私のものに…と思い始めた頃に、ようやく彼のＯＫが出て、私は茶封筒に入れたメダルを持ち主に返すことができた。

あとから聞いた話だが、その後、彼はメダルを銀行の貸金庫に入れて大切に保管していたという。もうお分かりだと思う。彼は、私を貸金庫代わりに使っていたのである。

因みに松本さんは、Ｊ1京都サンガを皮切りに、いくつかのプロチームの監督を務め、日本サッカー界の名指導者として数々の実績を残し、２００９年には「第6回日本サッカー殿堂入り」を果たした。

いまの日本サッカー界を想うとき、あのメダルの一時保管は、どこか無性になつかしい、そしてちょっぴり切ない思い出である。

1992年4月。東洋工業サッカー部を引き継いだサンフレッチェ広島は、Jリーグ発足という空前のサッカーブームのなかで創設（後述）された。

そして1993年、Jリーグが華やかに開幕。このときプロサッカー選手になることを決意した幾人かの選手たちが、東洋工業を後にした。そのなかの一人が、のちに日本代表を率いることになる森保一だった。

元祖サッカー王国

いまサッカーファンに〝日本のサッカー王国〟はどこかと訊くと、たいていの人が「静岡」と答える。Jリーグで活躍するジュビロ磐田（静岡県磐田市）もあるし、毎年、全国高校サッカーで上位を争い、多くの名選手を輩出しているからだと思う。

しかし広島人の多くは、このことに異を唱える。日本のサッカー王国の元祖は、誰が何と言っても「広島」なのである。

その象徴となる人物の一人が、広島市（袋町）出身で、元サッカー日本代表選手、そして同監督、元日本サッカー協会会長だった長沼健である。彼は日本サッカーがプロ化するまで、日本サッカーの礎を築いたと言ってもよい。

まだ15歳だったあの日（8月6日）のこと。長沼は、たまたま疎開先（安佐南区沼田）で被爆。その翌日に、未曾有の被害を受けた市中心部に入ったときの思いをこう述懐している。

「あんなにたくさんの死体をいっぺんに見たのは、世界にそんなにたくさんはいないと思う」

彼自身、２００８年にこの世を去るまで「白血球過多」の症状に苦しみ、いつも被爆手帳を持って移動していた。

長沼はたまたま疎開先にいて、九死に一生を得た。しかし、もしそのとき彼が実家にいて命を落としていたら、日本サッカー界の戦後史は大きく変わっていた…とも言われている。

その話の一つが、当初プロ化に消極的だった東洋工業サッカー部を根気よく説得したのが、東洋工業に多くの仲間を持つ長沼だったということである。


長沼は、現在の広大附属高（旧附属中）でサッカーに打ち込んだ。その頃、共に切磋琢磨したチームが、私の母校・広島国泰寺高（旧広島一中）だったのだ。

私が入学した頃、国泰寺高校はサッカー一色の学び舎だった。校庭は、国際試合（A級マッチ）が可能なグラウンドとして長方形にきちんと整備されていたし、運動会の最後の種目は、紅組vs白組のサッカー対決だった。

いまでも国泰寺高校サッカー部のユニフォームは、旧一中時代と同じ濃紺（パンツ）と白地（シャツ）に「一中エンブレム」が刺繍されている。

因みに、東洋工業の第4代社長の山崎芳樹（元広島商工会議所会頭）も、広島一中の名サッカー選手で、東洋工業サッカー部創設を主導した人だった。私は社内の同窓会（飲み会）で、何度も彼のサッカー話を耳にした。

その頃に親しくしてもらったせいで、会社を離れてからも、恐れ多くも二度にわたって、私の拙いカープ講演（総会、二木会）を聴きに来てもらった。

話を元に戻そう。その頃、強かったのは広大附属高校、国泰寺高校だけではなかった。市内の修道高校、舟入高校、基町高校…。いまでもその流れで、進学校なのに皆実高校が度々全国大会に出る。こうした背景もあって、東洋工業サッカー部では広大附属高、国泰寺高出身者が多かった。

当時の日本サッカー界では、日本代表チームでも広島弁が飛び交った。他府県出身メンバーがこのやりとりを聞いて、サッカー用語として広島弁を学ぶようになったという逸話まで残っている。つまりあの頃は、「広島出身でなければ、サッカーマンに非ず」という空気が流れていたのである。

もうお分かりだと思う。サッカー王国の元祖は広島である。静岡は、平成以降の新興のサッカー王国なのである。

サッカーに染まる

こういう社内の雰囲気のせいだったと思う。1971年に宣伝部に配属になった後、私の大きな楽しみはカープだけではなく、サッカーも加わった。サッカー部の応援はもちろん、部内でチームを結成し、他部門チームに戦いを挑んだ。

いつも負けが込むと、どこか弱そうな社外チームを探す。因みに私の背番号は「118」。みんな3桁の番号を付けて、ホンモノとの区別をつけた。

ある日、同じグループで私の斜め前に座っていた先輩の国枝強さんに声をかけた。彼だけ、試合に出てこなかったからである。

「国枝さん、一緒にやりましょうよ」

すると、周囲の人たちが凍り付いた。すぐに隣の女性が耳元で教えてくれる。

「国枝さんは、日本代表選手ですよ。たまたまケガのため、いま療養中で…」

私はまだその頃、部内の人たちの一人ひとりの背景や経歴をよく知らなかった。ただ、さすがに同じグループの人のことを知らなかったのは、うかつだった。

もう一人。隣のグループにいた安原真一くんは、カープで言えば、ドラフト1位でサッカーの名門・初芝高からやってきた若きエースだった。

互いに遊び盛りだったので、春秋にはドライブ、夏にはキャンプによく出かけた。１９７３年前後だったと思うが、彼は日本リーグで釜本邦茂（ヤンマー）と得点王争いをした。

広島で試合があるとき、私たち（応援団）は、彼らが試合の準備をする観音寮に立ち寄り、彼らを激励してから、道路向かいにある県営総合グラウンドへ向かった。

そのバックスタンド（ポール側）が、私たちの定位置だった。私はそこから安原くんの勇姿を写真に収めようとして、一度だけ片足をグラウンド面につけて撮影したことがある。すると、すぐに場内アナウンスが流れた。

「スタンドで観戦の方は、グラウンド内に入らないでください！」

そのとき安原くんにプレゼントした写真（大判３枚）は、現役時代の唯一の「紙焼き写真」となり、彼の部屋の立派な額縁のなかに収まった。

もう一人、サッカー界の至宝と呼ばれる人物との関わりについても書いておく。

当たり前のことだが、「打倒・東洋工業」に燃える他チームの踏ん張りなどによって、やがて東洋工業サッカー部の強さにも陰りが見えはじめた。

その頃、ブランド戦略マネジャーを担当していた私のところに、人事労政部の〝ある方〟がやって来られ、デスク横で小さなミーティングをしたことがある。

その方は当時サッカー部の顧問で、いまだから公に書くが、サッカー部の活動に少額の資金援助をしてほしいという話だった。もちろんサッカー部の活躍＝マツダイメージの向上だったので、従来の方針ならOKという流れだった。

ところが当時、フォードの参入によって、全社方針は第5章で書いたとおり。私は率先して「非営利活動への支出」を制限する立場にあった。私はこれを丁寧に説明し、柔らかくお断りした。

そのときの彼の紳士的な対応ぶりは、いまでもよく覚えている。その懐の深い人物の名前は、サッカーファンなら誰でも知っている今西和男である。

今西は、私より6年早い1963年に、舟入高校、東京教育大（現・筑波大）を経て、東洋工業に入社。サッカー部の下村幸男監督のもとで、小沢通宏、丹羽洋介、桑原弘之らと強力なフルバック（ディフェンダー）を組み、日本リーグ（JSL）初年度からの4連覇に貢献した。

今西は、広島市中区東平塚で生まれ育った。そして第二次世界大戦末期（1945年4月）に東区二葉の里に疎開した。

8月6日8時15分。彼は爆心地から2キロ離れていた貸家（二葉の里）の2階にいて、全身の左半分に閃光（熱風）を浴びた。実家（東平塚）は崩壊したものの、彼は母に手を引かれて二葉の里の防空壕に逃げ込み、一命を取り留めた。

そのとき負った左足の大やけどが、彼のサッカー人生の戦い方を決めることになった。被爆直後の足のことを、彼はこう話す。

「癒えていく左足にハエが止まって、卵を産み付ける。痛くて痒くて…。その後も、左足が突っ張った感じは生涯治らなかった。若い頃は足のケロイドが見えるので、半パンツで出る試合がイヤだった」

オールドファンならそのプレースタイルを覚えている人がいるかもしれない。彼は左足の突っ張った感じを克服・凌駕するために、全身を使ったスライディングを武器にした。この攻撃的な守備によって「日本を代表する名ディフェンダー」が生まれたのだ。

今西は、日本サッカー界にGM（ゼネラルマネジャー）の地位を確立した人物としても知られている。彼がサンフレッチェ総監督時代に整備した「サンフレッチェ広島アカデミー」は、日本有数の育成組織として評価された。

「一流のサッカー選手である前に、一流の社会人であれ！」

彼によって厳しく、礼儀正しく育てられた選手たちの多くが、いまJリーグの各クラブの指導者として活躍している。

今西は選手としてだけでなく、総監督やGM、日本サッカー協会の幹部として、日本サッカーの発展に限りなく大きな貢献をした被爆者である。

ビッグアーチの時代

東洋工業サッカー部が長くフランチャイズとしていた球場の話である。

広島県営総合グラウンドは、当時でもレトロな雰囲気のある多目的競技場だった。歴史が動いたのは、1994年に開催された「第12回アジア競技大会広島」のときである。

広島市の北西部に〝西風新都〟という洒落た名前の地域がある。その大会のときに、アジア42か国から6828人の選手・コーチ・役員などがこの地域に集結した。

もちろん、その人たちの宿泊施設や34競技、337種目を実施するための競技施設の確保など、周辺の自治体の協力も不可欠だった。

当時、官民による競技施設やインフラ・その他付帯施設を含めた投資総額は、約1兆3000億円とも言われた。

そのメイン会場（兼・陸上競技場）として造られたのが「広島ビッグアーチ」である。巨大なメインスタンドの屋根の部分が、なだらかな曲線で構成されているため、正面から見ると弓のような形状に見える。そのため、当初は〝広島ビッグアーチ〟という通称名で呼ばれた。

その後、ネーミングライツによって「エディオンスタジアム」という正式名称が付けられた。

日本初のプロサッカーリーグに参加を表明したのは、全国の主要都市を中心にした20団体だった。そのなかから正式に加盟が認められたのは、オリジナル10と呼ばれる10球団。

なぜ加盟を申請した球団の半数しか選ばれなかったのだろうか。それは当時、選考基準（条件）の一つになっていた「基準を満たす優れたホームスタジアム」の確保が難しかったからである。

アマチュア時代から〝サッカーの雄〟として名を馳せていたサンフレッチェ広島（旧東洋工業サッカー部）は、広島ビッグアーチをホームスタジアムにすることによって、オリジナル10の一つに選ばれたのだ。サンフレッチェ広島にとって、広島でのアジア競技大会開催は〝渡りに船〟だったのである。

もしあのとき県営総合グラウンドを本拠地にしていたら、サンフレッチェ広島のJリーグ加盟は、当面見送られていたと思う。

この二つの目的（アジア大会とJリーグ）のため、スタジアムは当初から陸上競技の国際基準を満たすと共に、トラックの内側にサッカー仕様の天然芝が敷き詰められた。その後サンフレッチェ広島のホームゲームは、このスタジアムを中心に開催された。

サンフレッチェの名前は、日本語の「三（サン）」とイタリア語の「フレッチェ（矢）」を組み合わせたもので、そのココロは、地元の戦国武将・毛利元就の「三本の矢」の故事に因んだものである。洒落た音の響きも良く、すぐに広島人に受け入れられた。

チームカラーは「紫」。マスコットの愛称は、中国山地に生息する熊をモチーフにした「サンチェ」。2000年にはその彼女「フレッチェ」も加わった。

広島人の熱い応援を背にしたサンフレッチェ広島は、めっぽう強いときと、あまり強くないときを繰り返しながら、徐々に市民になくてはならない存在になっていった。

ただ当初から、郊外（安佐南区）の広域公園内にあるビッグアーチは、都心から遠く「交通の便が悪い」、またサッカー専用でないため「観客席とグラウンドの距離が遠い」などの課題があった。

そのため当初は、公共交通機関を乗り継いでビッグアーチに辿り着いたものの、試合開始に間に合わなかった。あるいはクルマが駐車場に入れず、入場が著しく遅れた、というような苦情が後を絶たなかった。

ついに市は、2013年から都市部でのサッカー専用スタジアムの建設計画を検討しはじめる。

2015年。サンフレッチェ広島が2年ぶり3度目の年間リーグ優勝を果たした。そして12月23日。その翌年に25年ぶりのリーグ優勝を果たすことになるカープよりも一足早く、あの平和大通りで〝優勝パレード〟を行った。

当日はあいにくの小雨模様だったが、それでも沿道に約5万人の市民、サポーターたちが押しかけた。

そのラストシーンだった。パレード車の一台に湯崎英彦広島県知事、松井一實広島市長らが乗っていた。マイクを片手に湯崎県知事が、盛り上がるサポーターたちに向かってこう叫んだ。

「みんなー、新しいスタジアムが欲しいかー」

その一言に周辺の人たちから、どっと歓声が上がった。もちろんメディアの人たちも驚いた。まるで新しいスタジアムの建設が決まったかのように、両手を挙げて喜びを表現する人もいた。

このシーンは地元NHKをはじめ、民放各局でも大きく報道された。その場は公式とまでは言えないが、〝優勝パレード〟という準公式の場だった。そこで広島県知事が、大衆（ファン）に向かってそう叫んだのである。

多くの県民・市民がようやく、くすぶり続けていたスタジアム問題（後述）に決着がつくものだと思った。ところが、そこから約5年間。スタジアム建設は着工どころか、どこに建てるのかさえも決まらなかった。

迷走したスタジアム

正直に書くと、私は交通が不便であっても選手との距離が遠くても、サンフレッチェ広島の本拠地は、ビッグアーチでよいのではないかと思っていた。

その理由を語るなら、個人的な思いで申し訳ないが、月1、2回、ビッグアーチ周辺をウォーキングする私たち（夫婦）にとって、試合前の緊張した空気、たなびくサンフレッチェの旗、試合後のどこか気だるいムード…。それらが日本に数少ない、スポーツ本来のフランチャイズ的な楽しさを演出してくれていたからである。

サッカーを人口の多い都市部でやらないといけないという考え方は、いささか古いのではないか。私はプロローグでも書いたが、英国留学のときに、2部リーグのボーンマス（Bournemouth）の試合を本拠地に観に行った。そこには牧歌的で伝統的な英国のサッカー文化があった。そう、ビッグアーチには、それと同じ日本の田舎のサッカー文化があったのだ。

この雰囲気は、日本中のどこを探してもないし、都市型のスタジアムではなかなか得られない魅力だった。つまり日本のお祭りのようなローカルの良さ（趣き）が、存分に出ていたのである。

広島ビッグアーチは、1996年に開催された「ひろしま国体」のメイン会場にもなった。さらに毎年5月連休の頃に開催される「織田幹雄記念国際陸上競技大会」など、多くのイベント会場として活用されている。

また毎年サブグラウンドで開催される全国高校サッカーの県予選大会では、高校生の憧れの舞台（試合）として定着している。

そして春と秋のスポーツシーズン（週末）になると、併設された2つの競技場とサブグラウンドは、大小のスポーツ大会で賑わう。すでにサンフレッチェ＝ビッグアーチとしてブランド化していたスタジアムを去るというのは、よほどの覚悟と勇気が必要だった。

2013年。こういう空気のなかで、広島市に「サッカースタジアム検討協議会」が設置された。そして当初は「旧広島市民球場跡地」か「広島みなと公園」ということで議論がスタートした。

ところが市側からはじめから分かっていたはずなのに、旧広島市民球場跡地に「高い建物が建てられない」「隣の原爆ドームのイメージが相対的に弱まる」「短いオフシーズンの間には建てられない」など、いろいろな問題が提起されるようになった。

ここから一気に「広島みなと公園」が本命となり、県も市も懸命にこの方向を模索しはじめた。ところが今度は、建設予定地周辺の海運・物流会社から「試合の日は周辺地区の交通が渋滞し、広島の物流に大きな支障をきたす」というクレームがついた。それでもコトを早く進めたい県と市は、この方向（みなと公園）を譲らなかった。

そのとき決定打になったのは、ここを本拠地とするサンフレッチェ広島（久保允誉会長）が「みなと公園なら使わない」という強烈な意見を表明したことだった。

この状況でスタートしたのが、協議会を設置した県と市（自治体）、広島商工会議所（サンフレッチェを含む有力企業）、県サッカー協会の4者による会合だった。このとき、これまで検討していた2か所のほかに「中央公園 自由・芝生広場」が付け加えられ、候補地の絞り込みは4者に託された。

ただ中央公園もまた東側に巨大な市営住宅（後述）が建ち並び、住民から騒音問題などで反対運動が起きた。このため議論は慎重になり、遅々として話が前に進まなかった。

その理由は、対立構図が、広島市vs基町連合自治会という形になったからだ。つまり議論がいつのまにかサッカースタジアムの建設というよりも、基町の街づくり問題にすり替えられてしまったのだ。

ただそのことは決して悪いことではない。おらが地域を良くしたい。これは日本のあまねく都市が抱える基本的な問題である。つまりこれは、サッカースタジアム問題に表装された「都市論」だったのである。

2021年のことだった。テレビ局でこの問題をコメントする予定だった私の耳元に重大な情報が入った。

「今日、久保会長（エディオン）が、中央公園が最もふさわしいと発言されました」

ここから急に流れが早くなった。そしてあの街づくり計画や騒音問題が置き去りにされたまま、中央公園で新たなサッカースタジアムを建設することが正式に決まった。

ここでも苦言はある。県や市の決定はその場しのぎの日和見主義で、街全体のグランドビジョンが見えてこない。特に、サンフレッチェ広島が使わなくなったビッグアーチの今後の活用法や採算などは、いったいどうなったのだろうか。

今回もいつものように「結果オーライ」でいいのではないかという人も多い。しかし本当はそうではない。そのツケは、後世の人々に回されただけだからである。まあ苦言はこの辺りまでで、決まったからには、私も広島人として応援することにしたい。

２０２４年２月。広島市の新たなランドマークとなる「エディオンピースウイング広島」が開場した。それは検討協議会を設置してからちょうど10年目のことだった。

エディオンピースウイング広島

遡って２０２３年の秋。私は久しぶりに、市内の中広交差点からＪＲ広島駅方向にクルマを走らせていた。空鞘橋が見えるところまで来て、ド肝を抜かれた。目の前に完成直前の「エディオンピースウイング広島」の全貌が現れたからである。

時々工事中の姿は見ていたものの、実際に完成に近づいた建物を見ると、そのスケールの大きさに驚いた。その存在感はハンパなものではなく、想像をはるかに超えていた。

「エディオンピースウイング広島」の一つの特長は、Jクラブのスタジアムのなかで、特に優れた立地と周辺環境にあると思う。広島最大の繁華街（紙屋町、八丁堀）から徒歩12～20分。日本で最も交通・集客環境に恵まれた都市型の「まちなかスタジアム」の一つである。

ただ課題も決して少なくない。年間30余りのJリーグの試合（サンフレッチェ広島19試合、サンフレッチェ広島レジーナ11試合）とアジア・チャンピオンシリーズなどだけでは、採算が成り立たないと思われるからである。

そこで指定管理者を担うサンフレッチェ広島は、いま千人規模の会合、企業の周年事業、会社説明会、さらには地元のサッカー教室、夏の市民ラジオ体操まで多方面の活用方法を具体化しつつある。

事業として、どのようにして収益性を高めていくのか、また周辺の施設とどのような動線（人の流れ）を描いていくのか。しばらくの間、試行錯誤が続くものと思われる。

このスタジアムには、さらに大切な使命がある。それは、これまでの広島＝サッカーの歴史を俯瞰してみたとき、どうしても外せないコンセプトである。

そのことはスタジアム名の一部に表示された「ピースウイング」の意味（心）でもある。これを日本語で表すなら「平和への翼」ということになるだろう。

いま場内ミュージアムで短編ムービーとして流されているのは、私がこの拙書で一部紹介させてもらった「被爆からの復興と広島のサッカー史」を振り返るものである。原爆ドームや平和記念公園（資料館）を訪れた内外の観光客に、ここでも現在の広島を感じてもらうことが大切である。

この視点から、スタジアム東側2階のコンコースに掲げられた巨大壁画「ピースウォール」に描かれた、人気サッカー漫画（絵）と文章を紹介しておく。

主人公「キャプテン翼」が、広島の当時の悲惨な情景（絵）のなかに立ち、こう叫ぶ。

「どうして人間は いけないとわかっていて 戦争を起こすのでしょう
ボクは この世界から 戦争をなくしたい！
神様は この世界にサッカーという 素晴らしいスポーツを授けてくれた
戦うなら 正々堂々 サッカーで戦おう！
ボクは サッカーで 平和を叶えるため
この広島から〝サッカー世界平和宣言〟を 全世界に発信します！」

ここに印された精神こそ、これまで皆が叡智を結集し、新しいスタジアムを建設した真の意義だっただろう。

いま広島ではカープの「赤」、サンフレッチェの「紫」が目立っている。そこに後発のプロバスケットボールチーム・ドラゴンフライズ（２０２３－24年 Ｂ１チャンピオン）の「オレンジ」も加わる。さらにバレーボールＶリーグのＪＴ広島の「緑」もある。

こうして、かつて灰色だった広島の街が、長い刻の流れを経てカラフルになった。市内のデパート、スーパー、いまや区役所、銀行ロビーまでこれらの色で溢れている。

基町の記憶

いまから80年前。米軍の一発の原子爆弾によって一面灰色と化した地が、いま華やかな美しい色に染まっている。

できることなら、あのとき亡くなった膨大な数の人々、そしてその後、原爆症に悩み続け、無念にもこの世を去ったすべての人々に、この光景を見せてあげたい。

「あなたの子孫が住むヒロシマは、こんなに美しく蘇りましたよ！」

実はこの言葉をかけてあげたい広島人のなかに、いまもこの周辺に住み続け、逞しく生き抜く人たちがいる。

昭和の人なら誰しも覚えていると思うが、いま「エディオンピースウイング広島」が建つ場所は、原爆投下の後、家族の一部を失い、後遺症や貧困に耐えながら、懸命に命を繋いだ人たちが住む一帯だった。

私自身、３年間通った国泰寺高校への行き帰りの電車のなかから見た光景が、いまでも瞼の奥に焼き付いている。電車が相生橋を渡るときに必ず目に入ってくる太田川河畔の光景（原爆スラム）は、私にとって唯一の〝原爆の証〟だった。

思いもよらず行政上〝不良住宅〟と呼ばれるようになったスラム街を解消するため、県も市も懸命に知恵を出し努力した。しかしそこは、貧しくも懸命に生き抜こうとする人たちが、死力を尽くして命を繋ぐ場だった。だから、コトはそう簡単には進まない。

ようやく大規模集合住宅（高層アパート）構想がまとまり、その建設がはじまったのは、原爆投下から24年が経過した１９６９年のことだった。

そして１９７４年にすべての不良住宅２６００戸（県８００戸、市１８００戸）の撤去を完了し、１９７８年に基町アパートが完成した。その間、私たちが見続けた光景は、当時〝過去の負の象徴〟だったように思う。

いまその同じ場所に、未来への象徴としての「エディオンピースウイング広島」が聳え立つ。おそらく天国から、最初にこの構想を描いた丹下健三さんが、微笑みながら眺めているのではないかと思う。

因みに書いておく。いまその基町アパートには約４２００人の住民が暮らし、住民同士が家族のようにふれあう下町風のレトロな商店街で話題を集めている。この雰囲気を求め、他県から移住してくる人もいるという。

私は思う。あの頃の悲惨な情況のなかで、ひるむことなく立ち向かった先輩たちは本当に凄かった。いま広島に住むすべての人たちは、このことに感謝し、もっと誇りを持って生きていかなければならない。

広島サッカーと「エディオンピースウイング広島」は、これからもそのことを象徴する存在であってほしい。そしてウクライナ、ガザ地区、中東などの紛争で、理不尽に苦しみ続ける人たちの〝希望のモデル〟にならなければならない。

人間の「忘却」は、すべてをなかったことにしてしまう。しかしサッカーであっても野球であっても、それを形として遺して訴えていくことによって、確かな「記憶」と「記録」が引き継がれていく。

人間の前には、常に希望がある。決して、諦めてはいけないのだ。

第7章

TVコメンテーターとして「言わんと意見」

「言わんと意見」は
ヒロシマに生きる人の
特権と責務だった

広島テレビのスタジオ風景（右が筆者、2008年）

「森の分かれ道では人の通らぬ道を通ろう。すべてが変わる」

こう言ったのは、オーストリアの精神医学者・フロイト（1856～1939）だった。人生というのは、偶然に出会った人との関係で、水路に水が流れるように定まっていくことが多い。しかしそのなかの小さな分岐点では〝自分の進む道〟は、〝自分で切り開く〟方が、冒険的で面白い。

なぜ私が地元TV局のワイド番組で、14年間もコメンテーターを務めることになったのか。自分でもよく分からないようなところがある。しかし一つ言えることは、冒頭の「森の分かれ道では…」の名訓に従って行動してみると、平坦な人生に思わぬ〝生きる張り合い〟のようなもの（後述）が生まれてきたということである。

私の場合は、ひたすら「広島人が広島人に伝えるコメント」だったように思う。何度か全国版の番組に出演させてもらったことはあるが、どこか〝アウェイ〟感があり、地に足がつかなかった。

週一レギュラーとして出演しはじめたのは、2008年のことだった。そこから4年間（2012年まで）は広島テレビ（日テレ系）。2010年からはRCC中国放送（TBS系）で、12年間も飽きずに出演し続けた。つまり2011、12年に限っては、2局を掛け持ちしていたのである。

総じて書くならば、出演回数は700回を超え、コメント回数は優に2500回を数えた。あとから考えてみると、どこかゾッとするようなところがある。それはまた気の遠くなるような回数と時間でもあった。

2人の人物との出会い

すべてのはじまりは、2001年3月にまで遡る。私は「マツダの早期退職制度」に応募し、会社を去った。そのとき〝なぜかスッキリしない思い〟を手記に残し、後世に伝えたいと思った。そのことが、私の人生の後半を思わぬ方向に導くことになった。

退職のあと、ヒマを活用して気軽に書いた「さらば、愛しきマツダ」という短いエッセイ（手記）が、当初「週刊文春」に掲載される予定だった。

なぜ同誌だったのかというと、いつも海外出張の飛行機（JAL、ANA）のなかで、特に気に入って読んでいた週刊誌だったからである。どこかジャーナリズム性に優れ、洒落た文化人のエッセイが多く載っていた。

その週刊誌・編集長のKさんから、電話がかかってきた。

「迫さん、掲載は週刊誌ではなく本誌（月刊誌）で…ということになりました。そうなると、文字数をもう少し多く…」

その直後に、今度は本誌の編集長・松井清人さんから電話が入った。

「しっかり13ページくらいで掲載したいので、原稿用紙（400字）で50枚。2週間くらいで仕上げてもらえませんか」

私は当時ヒマ人で、文章を書くことをあまり苦にしていなかったので、これを1週間くらいで仕上げて送った。当初「週刊文春」の見開き（2ページ）程度の軽く洒落た読み物を目指していたのに、分量増のせいで少し本格的（真面目）なエッセイになった。

また松井さんから電話が入る。

「ビックリしました。フツーこの種の原稿は直しが多くて、紙が真っ赤になるんですが、どこにも直すところがないんです。このまま掲載します」

そこまで褒めてもらえるとは思っていなかったが、そのとき彼が口にしたキーワードが、その後の私の文筆家としてのモットーになった。

彼の言葉をそのまま借りると…。

「〝距離感〟が抜群です。言いたいことが素直に書いてあるのに、行間からジャーナリズムの正義感が伝わり、そこから〝マツダ愛〟も滲んでいます」

どこかたわ言のようにも聞こえたが、事態はどんどん前に進んでいく。そして2001年5月。

「文藝春秋6月号」が発刊された。ここから信じられないことが次々に起きた。

「東京で、すごいことになっていますよ」

東京の知り会い5、6人からメールが入った。JR山手線などの電車の中刷り広告で、私の名前が大きく出ているというのである。もうお分かりだと思う。文藝春秋は、私の手記をその号の目玉にしたのである。

そこから4、5日間の出来事をまとめて書いておく。東京のTVキー局のすべてから電話が入った。各々の番組インタビューか、出演依頼だった。なかでもTBS局のディレクターY氏は、すぐに広島まで飛んで来た。

聞けば、TBS夜のニュース番組「NEWS23」のメインキャスターだった筑紫哲也さんが、どうしても私に会いたいと、わざわざ使者を送ってこられたのである。

しかし私は、ある事情で、どうしてもこれをお断りしなければならなかった。その事情というのは、その前日に電話で伝えられたNHK記者の言葉のなかにあった。

「いま迫さんの物語をNHK（ETV2002）で映像化する準備を進めています。できれば、ほかの民放番組に出ないでいただければ…」

私は、この言葉を律儀に守った。なぜなら、私はそもそもこの話を民放TVで面白可笑しく取り扱われることについて、小さな警戒感を持っていた。その一方で、教育目的ならば…という気持ちがあったので、NHKだけは前向きに考えていたのである。

東京から制作会社のスタッフ（5、6人）が2回も広島に来た。そして長い時間をかけて収録が終わった。

2002年2月26日の午後8時から9時まで。1時間番組「さらば、会社人生～希望退職を選んだサラリーマンの軌跡」が全国で放映された。

驚いたのは、その後の世間の反応だった。なんと全国から激励の手紙が幾通も届いたのだ。なかでも〝生き方に共感した〟という北海道の主婦からの長い手紙は、なぜか嬉しく、いまでも大切に保管している。

私のちっぽけな物語が、なぜこんなに世間の注目を集めたのだろうか。それは日本のバブル経済が崩壊し、外資が参入し、これまで謳歌してきた日本人の平穏な生活が脅かされはじめていたからである。そのなかで葛藤した私のサラリーマン人生が、まるでその象徴のように扱われたのである。

そのとき、いやいまでも、わざわざ声をかけてくださった筑紫哲也さんには「本当に悪いことをした」と思っている。そのせいもあり、私はあれ以降、彼がメインキャスターを務めていた「NEWS23」（当時）を度々観るようになった。何度か観ているうちに、私は大切なことに気がついた。

「彼のコメントはすごい！」

世の中に起きたことを正々堂々と真正面から捉えて語る。その正論は社会軸でもなく、政治軸でもなく、エンタメ軸でもない。彼のコメントの軸になっていたのは、正義の〝人間軸〟だった。正しいことは正しい。間違っていることは間違っている。彼のコメントを聞き終わったあとには、いつも子どもの頃のようなスカッとした爽やかな余韻が残った。

何を隠そう。その後、私が地元TV局のコメンテーターになってから、ひたすら目指したのは、筑紫哲也さんのような「人間としての真っ当なコメント」だった。

そしてもう一つ。文筆の世界で、特に心がけたことは松井清人さんから聞いた〝距離感〟という「人間的・社会的スタンス」だった。私が手掛けるノンフィクション作品では、そのことを一番大切に考えた。

その後、松井清人さんから「もっと詳しく紹介したい」というお話を頂き、私は同年12月に同じ題名の単行本を上梓した。

因みに書いておく。松井清人さんは、その後、文藝春秋の社長に就任され、日本出版協会の会長にまで昇りつめられた。そして日本社会で「表現の自由」問題が起きるたびにメディアに登場され、正論を述べられた。

また筑紫哲也さんは、ついに一度もお目にかかれないまま、そのときから7年が経過した

2008年に他界された。私にとって、お二人は〝人生の師〟である。

幻の対談

このときの余波は、さらに1、2年間くらい続いた。なかでも驚いたのは、海外（米国）のラジオ局からのアプローチだった。

その企画内容は「フォードから赴任したマツダのフィールズ社長との対談」だった。おそらく米国資本と日本企業の知り得ない確執（機微）みたいなところを、細かく描きたかったのだと思う。

もちろんそれは私の目指すところではなかったので、丁重にお断りした。ただ誤解なきよう。私は、フィールズ社長とは友好的に仕事をさせてもらった。

歳の差（私が先輩）は大きかったが、私にとって彼は、本当に気の合う〝良き仲間〟だった。フィールズは嬉しいことに、私が退社後にメディアで発表したマツダ関連の作品を、英訳して読んでいたと聞く。

フォードの人たちと友好的に仕事をしたのは、もちろん私だけではなかった。実はその後、マツダが逞しく復活したのは、そういう人たちの総体エネルギーの力だったとも言える。

そのときフォードの人たちが優れていたというよりも、彼らから合理的なやり方を素直に学んだマツダ社員たちの柔軟性と賢さが根本にあったからだと思う。もしあのとき皆が対立関係で臨んでいたら、今日のマツダはなかったと思う。

典型的な米国流ビジネスを貫いたフィールズは、その後米国に帰任し、フォード本社の要職を務め、ついにトップ（社長）にまで昇進した。私はそのことについて、いささかの驚きも持っていない。

彼らがマツダに遺してくれた「正の遺産」については、時代や人が変わったとしても、脈々と受け継いでいってもらいたいものである。

旬感☆テレビ派ッ！

長く広島に住んでいる人なら、ひょっとして覚えているかもしれない。広島の夕方のテレビ番組と言えば、一時、広島テレビの「テレビ宣言」だった。その時間帯で、広島で唯一のローカル局制作のナマ番組だったからである。

ただその後、ほかの民放局の追従もあり、群を抜いていた視聴率にも翳りが見え始めた。そんなとき視聴率を回復すべく、番組をリニューアルする計画が進められた。

新しい番組名は「旬感☆テレビ派ッ!」。私に曜日別のコメンテーターの依頼があったのは、そういう節目のときだった。そこに至るまでも時々、前番組内の「金曜討論」というコーナーに出演させてもらっていたので、特に違和感はなかった。

スタジオには、全国放送に切り替わる時間帯を除き、17~19時の間、ずっと出演またはスタンバイしていた。ほぼぶっつけ本番で5、6本のニュースや特集に短くコメントする。そのことについてはあまり苦にならなかったが、ただ一つ。自分でテーマを考え、約4分間意見を述べる「テレビ派!コラム」というのは、正直に言って大変だった。

聞いた話によると、他の曜日のコメンテーターたち(4人)から「毎週は難しい」という意見が出たという。そこでこのコーナーは半期(6か月)で見直されることになった。しかし、私はこれに異を唱えた。

なぜかと言うと、私は当時、第3章で書いたとおり、大学のゼミで難しい話ばかりに挑戦していたからである。週一のTV番組内でこれができないようでは、ゼミもできない。私はあえて難しいテーマに挑戦したかったのである。

そのとき番組プロデューサーが出した結論は、他の曜日は見直すとして、私が出演する木曜日だけは、そのコーナーの名前を「言わんと意見」に変えて継続するというものだった。さらにテーマはコメンテーターだけで考えるのではなく、視聴者の意見なども取り入れることになった。こうなると、このコーナーは紛れもなくコメンテーターに課せられた「社会学ゼミナール」である。
かくして私は、その後の3年半（合計で4年）の間、一回も休むことなく、このコーナーを続けることになった。

毎週、テーマを決めて予めスタッフとやりとりする。コーナーの持ち時間はたっぷりあったので、コメント中にその話と関連する映像を入れてもらう。さらに一、二度MCとのやりとりを挿む。毎回、テーマのポイントを自筆でフリップ（ボード）に書いて、目の前に掲げた。そしてできるだけ視聴者に向かって…というよりも、スタジオにいるスタッフに向かって語りかけるように心掛けた。それを130回くらい続けた。

いくつかのテーマは覚えているが、いまはほとんど忘れてしまったと言ってもよい。その覚えているうちの一つを紹介してみよう。その日のテーマは「学生の就職活動」だった。多くの学生が5、6社の受験に失敗しただけで、挫折してしまうという話だった。

そのとき、まだ本番前の天気予報担当の女性が、私の話に大きく頷いている姿が目に入った。予期せぬシーンはこのあとだった。私のコーナーが終わって、MCが区切りをつけるように言う。

「それでは、続いて天気予報のコーナーです」

彼女にバトンタッチした。ところが、彼女の口から意外な言葉が飛び出した。

「私の場合は、50社くらい受験しましたが、当時は…」

この発言に驚いたMCが、慌てて口を挟む。

「早く天気予報をはじめてください！」

そのとき彼女は番組を盛り上げようとして、天気予報よりも私の話に乗ってフォローしてくれたのである。

テレビのナマ放送の魅力は、何と言っても、こういう思わぬ展開（アドリブ）である。このやりとりに身を乗り出して、耳を傾けた視聴者は多かったのではないか。

私はいまでも、あのときの天気予報の担当者の機転の効いた対応を評価している。もちろんいまだに、前の人のテーマを本気で引き継いだ天気予報の例は知らない。


時は流れ、やがて降板の日がやってきた。２０１２年3月。私は、いまでもそのときの「ラストコメント」を覚えている。

「4年間、拙いコメントに耳を傾けて頂き、本当にありがとうございました。いまの気持ちを数字で表するなら、ホッとした安堵感70％、寂しさ30％です。これまでは画面の内側からの〝言わんと意見〞でしたが、これからは画面の外側から〝言わんと意見〞を続けます」

私の後任は、当時、広島で人気のあった若手芸能人だった。そして〝言わんと意見〞は、跡形もなく終わった。

あの日、花束をもらって、集まったスタッフに挨拶しようと思った瞬間に、うかつにも目から涙が溢れた。その帰り際、毎回メイクを担当してくれていた女性の目にも〝もらい涙〟…。そのシーンは、まだ昨日のことのように覚えている。

そしていまでもその〝言わんと意見〟は本当に毎日、続けている。ただそれを受け取る相手が、食卓を共にする〝我が家内〟であったり、拙著の読者であったりしているだけである。こうして私にとって〝言わんと意見〟は、人生後半のいきがいになった。

ヒバク2世コメンテーターとして

広島のローカル番組なので、自然、原爆に関する特集が多かった。その都度、コメントが求められたように思うが、私は当事者に近いのに、どうしても〝入れ込んだコメント〟ができなかった。おそらく心のどこかに、まだ傍観者的な自分がいて、無難なコメントになってしまったのだと思う。

一方で、現代社会の話については力が入った。その結果、迷コメントのオンパレードになった。以下は、笑い話である。

2008年のことだった。地元の宮島水族館がリニューアルのために一時休館することになった。そのとき水槽で泳いでいた魚を、有志の家庭の水槽で預かってもらうという計画が番組で取り上げられた。

そのとき私にコメントが求められた。そして瞬間に思い付いたことが、そのまま口に出た。

「あのハマチは、お刺身にして食べたらいけないんでしょうか？」

すると、いつも冷静で、番組の主旨に忠実なＭＣ（Ｋさん）が、慌ててこれを遮る。

「いやいや！　それはいけません。食べたらいけません！」

もちろん私は、番組の主旨（皆で水族館に協力する）は十分に理解していた。ただその一方で、家庭の食卓で「水槽のなかのハマチがエサを与えられて泳ぎ、その隣でハマチの刺身を口にするのは、どこか割り切れないようなところがある」と感じた。世の無常というのだろうか。魚社会のことは知らないが、平等であるべき人間社会では、あってはならないことである。

次の日。そのコメントを聞いた一人の主婦の言葉が、私の沈んだ気持ちを救ってくれた。

「先生、昨日のハマチの話は〝メイ〟コメントでしたよ」

それが迷コメントだったのか、名コメントだったのかは、いまでも分からない。

実はこのハマチの話は、のちに私のささやかな教訓になった。原爆に関する報道については、世界中で多くの視点が複雑に絡み合っている。私たちは一つの軸を持つあまり、ついそうでない人たちを別の見方で捉えてしまうことがある。

そんなとき、私は心の中で「ハマチ、ハマチ」と唱えるようにしている。

「旬感☆テレビ派ッ！」は、いま番組名を「テレビ派」に変え、ほぼ同じコンセプトで継続、放映されている。

そのテーマ曲（大瀬戸千嶋『ｃｌｏｖｅｒ』）は、いまでも変わっていない。習慣とは恐ろしいもので、そのメロディが耳に入るたびに、私はまるでパブロフの条件反射のように、心が引き締まり「言わんと意見」の準備体制に入るのである。

刻が流れたいまでも、私は一部メンバーたちと〝メル友〟をしながら、賀状を交換している。「カープ家族」ではないが、彼らは正しく私の「テレビ派家族」だった。

因みにあのＫさんは現在、地元大学で教鞭を執り、その頃の見識や経験を活かして次世代の人材を育てている。またすっかり〝ヒロシマの顔〟になっていたＢさん（女子アナ）は、２０２４年10月に惜しまれながら広島テレビを退社した。

成り行きなので、そのＢさんの話も紹介しておく。彼女は、日常生活シーンを語らせると右に出る人はいなかった。

ある日、私は食品ロス対策の話のなかでこう話していた。

「私は巻きずしの端っこが好きなのに、見栄えが悪いとして、その部分を〝廃棄〟する会社があると知って…」

この話をはじめたら、すぐにBさんが話をかぶせてきた。

「そうですよね。私も巻きずしの端っこで、かんぴょうがペローンとはみ出して自己主張しているのが大好きで…」

彼女は、日頃みんなが思っていることを面白おかしくストレートに表現できる人だった。言葉を代えれば、一般の人とは異なるユニークな視点を持っている。それが、ほんわかと視聴者の心を和ませてくれた。

テレビ業界に全く無知だった私は、その頃にアナウンス部に所属していたKさん、Nさん、Bさん、Mさん、Iさんたちから多くのことを学び、長くコメンテーターを続けることができた。

ただ反省もある。今だったら、原爆について、もっとしっかりとしたコメントができるのではないか…。時の流れというのは、雨だれが岩を穿つように、ゆっくりと人の心を変えていくからである。

そしていま改めて「森の分かれ道」で「人の通らぬ道」に進んでよかったと思っている。

ヒロシマの社会派番組

人の出会いというのは〝奇なるもの〟である。大学の研究室に、ＲＣＣ中国放送のＹさんが訪ねて来られたのは、２０１０年初めの頃だった。

話を聞けば、毎週土曜日に放映されるナマ番組「Ｅタウン」に時々、準レギュラーとして出演してほしいということだった。

２０００年10月に誕生したこの番組は、全国区の神足裕司さんがメインコメンテーターを務めておられた。特に「自動車／マツダ」「カープ」をテーマにしたときは、Ｗコメンテーターで進めたいということだった。

私は当時、別の曜日で広島テレビに出演していたので、やんわりと断ろうと思った。しかしＹさんは「不定期でいいから」ということで引き下がらない。かくして私は、一時２つの局に出演することになったのだ。

「Ｅタウン」の「Ｅ」は「Ｅｃｏｎｏｍｙ」の頭文字であり、広島の地域経済を深く掘り下げる社会派の番組だった。当時のＥタウンは、すでに私の大学（現代社会学部）でも地元で唯一、授業に使える番組として高く評価されていた。

メインコメンテーター神足さんは、広島出身のコラムニストで、１９８４年に共著で出版された『金塊巻』がベストセラーになり、一躍テレビ界に登場された。番組ＭＣは、いまラジオを中心に活躍している横山雄二さん。毎回、出演者が話し合い、しっかりと準備して質の高い内容を目指した。

特にその頃、テーマにしていた「自動車の未来」については、控室で何度も、本気で議論を交わした。当時、神足さんは「これからはハイブリッド時代」を主張されていたが、私は「いったんＥＶの時代」を譲らなかった。

ある日のこと。全国放送の番組を観ていたら、神足さんが「これからはＥＶの時代」という話をされているシーンが目に入った。なぜかホッとする自分がいた。

神足さんは私よりも、原爆に関するコメントが積極・果敢だった。彼はスタジオを暗転させ「コータリン人形」にスポットライトを当て、堂々と原爆を語った。そして私の「言わんと意見」よりも、哲学的だった。

彼の表現スタイルは、原爆報道の〝在るべき原点〟を示していたように思う。まずスタジオを暗くして視聴者のアテンションを一点に集中させる。そして人類の生存の観点から、堂々と一字一句、正確に持論を述べた。

それは原爆報道の一つの在り方だった。近年、原爆の日に多くの民放番組キャスターが押し寄せ、被爆者の心情とはかけ離れたところ（重箱の隅）を興味本位で報道する。それはそれで多少意味のあることかもしれないが、もっと本質のところを突き詰める姿勢がほしい。

２０１０年10月。これまでスタジオからのナマ放送だったＥタウンは、全面ロケの収録番組に変わった。

神足さんとはまだ形が残っていた旧広島市民球場や、その前年に誕生したマツダスタジアムなど、まるで遠足気分でロケに出かけた。その頃は、のちにカープ監督になる佐々岡真司さんもいた。

そして２０１１年９月。私たちは驚くニュースに直面する。神足さんが広島ロケを終え、東京に戻る飛行機のなかで、くも膜下出血に倒れたのだ。それでも「神足裕司のいない番組」は、長く続いた。

ようやくＹさんが、さりげなく口にしたことがある。その一言が、ついに番組が幕を下ろすまで、私の脳裏から消えなかった。

「先生、神足さんの後をよろしく」

神足さんは一命を取り留め、２０１３年に社会復帰を果たした。しかし車いす生活を余儀なくされ、テレビ画面への復帰はならなかった。

こうして果敢に原爆の本質を論じた一人の名キャラクターを中心にしたEタウンの第一幕は、少し寂し気な余韻を残し、静かに次のステージへ移った。

ロケから学んだもの

Eタウンの12年間のなかで、その半分近く（5年半）は、スタジオを飛び出したロケ収録だった。ほぼ一日をかけて、北は庄原市、三次市、東は福山市、尾道市、西は大竹市、宮島口、そして南は呉市、江田島市。広島県のほぼ全域に足を運んだ。

そしてMC（女子アナ）と二人だけで、ほぼすべてのことを進行した。2010年からのOさん、そして2014年からのNさんとは、親子ほどの歳の差があった。

なかでも、新入社員でEタウンが初めての現場（ロケ）となったNさんついては、担当プロデューサーからこう告げられた。

「まだ何も分からない新入社員ですから、基本を教えてやってください」

私はいまでも、Nさんとはじめてロケに行ったとき、なかなかMCの締めコメントがまとまらず、テイク6（5回の撮り直し）までトライしたことを思い出す。

そのNさんが、のちに広島の被爆者の子孫（当事者）として、被爆特別番組の主役として登場してくることなど、その時点では露ほども予想していなかった。

OさんとNさんとで、県内各地に赴いた。

尾道自動車道が開通する前日に、高速道路の上から大声でリポートしたこと。手がかじかむ寒い日に、大竹の和紙工房で冷たい水に手を入れて紙をすいたこと。劇団四季の広島公演〝キャッツ〟の舞台裏にマイクを持って潜入したこと。そして辛いものが苦手なのに、広島のソウルフード〝汁なし担々麺〟の食レポ…。その一つひとつをいまでも鮮明に思い出す。

県北の食品会社を訪ねたときのことだった。ディレクターのアイデアで、MCと二人でその会社の商品開発会議にマイクを持って潜入するという設定になった。

ドアを開けて先にMCが、そっと会議室に入る。そして次に私が…。その直後に小さな事件が起きた。私はMCの所作（やり方）をジッと見ていたので、音が出ないようにそっとドアを閉めた。うまくいったと思った瞬間に、後ろから声が飛んだ。

「先生！　そこでドアを締められると、カメラが入れません！」

なるほど。完璧に演技してしまったら、映像が撮れないのである。つまり番組が成立しないのだ。そのとき私は〝テレビ番組の何たるか〟を理解した。

テレビというのは、映像を中心に創られる。音はなくても、文字さえあれば知的情報を伝えることができる。しかし映像がないと、テレビが成立しないのだ。あれ以来、私はカメラマン目線でテレビを観るようになった。

ハードな山登りやトレッキング番組を観るとき、家内はいつも「大変ね」と出演者に同情を示す。しかし一番大変なのは、重い機材を担いで山に登るカメラマンである。そんなカメラマンの苦労を考えると、屋外ロケでのコメンテーターの在り方は、自然に決まってくる。その一つが、できるだけ話を散らせないことである。

例えば、話は口先だけで自由にできる。ところが映像は、カメラマンがきちんとレンズの焦点を合わせて撮ってくれないと、情報が完結しないのだ。ご存知だろうか。カメラマンには後撮りという手法がある。出演者の会話に出てきた情景や物体を、ロケが終わったあとで別撮りするのだ。それがないと、番組は作れない。

例えば、食レポ。私たちが本当に全部食べてしまったら、もう跡形はなくなる。つまりカメラマンが撮るものが消えてなくなるのだ。

この際、先撮りする手もあるが、そうなるとたいていの場合、出来立ての湯気が邪魔して良い映像が撮れない。最初から二つ作って…ということになると、お店に迷惑がかかる。一つのシーンを撮るために、人生の難しさが多数からんでくるのである。

この観点から他の番組を観ていると、いっそう興味深くなる。例えば「ぶらり一人旅」というのは「ぶらり」どころか、多くの人が関わり、用意周到にプランされている。そもそも「ぶらり」と歩く人をカメラで追うのは大変難しく、もしそうした場合は、映像が乱れて観るに堪えられないのである。

話が逸れたが、このことは意外に大きな発見だった。人生、目の前（画面）のことだけを見ていると、本質が見えなくなることがある。

例えば近年、原爆に関する未公開の写真・映像が、メディアで露出・放映されることが多くなった。そのとき何よりも大切なのが、その映像を撮ったカメラマンの視点である。どういう立場の人が、どういう目的で、何を伝えようとしているのか。それを〝正しく見抜く眼〟を養うことが、いまくらい必要な時代はない。

このことは戦火のウクライナ、ガザ地区、中東などの被災地でも同じこと。いまは世界中で、人々を錯乱させるため意図的に「偽画像」や「フェイクニュース」が流される時代である。

プロの技を知る

実のところ、ロケで本当に学ばせてもらったのは、数えきれないほどの人々の話から得たプロの技、考え方、見識、プライドのようなものだった。

それは県知事や市長をはじめ、県北の地方自治体の首長さん、大小企業のトップ、牧場の若い経営者、商業施設のプランナー、頑固な食堂のお兄さん、家具のトップセールスなど、枚挙に暇がない。その人たちの話だけで、優に1冊の本が書けるくらいだ。

なかでも私は当時、大学で「マーケティング論」「商品ブランド戦略」を教えていたせいもあって、広島ブランドの話に興味を持った。そういうブランドの話になると、つい時間が経つのを忘れてディレクターに進行を促された。

「地域ブランド論」の基本メカニズムについて書かせてもらうなら、私たちが出会った数百人の人たちの深い思い、情熱、ドラマみたいなものが雪だるまのようになって固まり、広島ブランドの一部になっているのだ。

そのごく一部の話である。あれは福山市郊外で、江戸時代からご当地の名産として知られている伝統の「備後畳」の現場を取材したときのことだった。

お世辞にも近代的とはいえない作業場の片隅で、私たちは一人の職人から目からウロコの話を聴いた。

「畳の本当の良さというのは、5年や10年では分からない。青々とした初期段階は、見た目に鮮やかだけど、風合いも味もない。本当の畳の良さは、15年を経過した頃から出てくる飴色の光沢だ」

彼はその15年後の状態を目指し、すべての工程で独自の工夫を凝らしていた。

もう一つの話。県北（府中市）に世界進出を目指す家具メーカーを訪ねたときだった。私が大学で国際的な「ブランド戦略」を研究していることを知り、社長が次々と質問してきた。そして話は1時間を超え、用意していたVTRのすべてを使い切ってしまった。

「当社は〝脱・府中家具〟を目指し、世界をマーケットにしたいと考えている。そのためデザイナーは米国人、豪州人を中心に起用している。これから欧州進出のため、イタリア人のデザイナーを招致するところだ」

彼らは伝統の高級タンス造りのノウハウを活かし、新たな家具の〝JAPAN BRAND〟を創造することを目指していた。いま彼らの商品は、米、英、仏をはじめ、タイ、ドバイなど世界20か国以上の家具ショールームで展示、販売されている。

これらの話を実際に本人の口から聴かせてもらい、そのエッセンスを肌身で体感できたことは、私の宝物の一つである。

この本の第1章で、私が期せずして「広島県ブランド推進のコンサルタント」を担当させてもらったことを書いた。

あれはその頃、県の経営戦略審議官を担当されていた田辺昌彦さん（前・副知事）との対話のなかで、私が広島ブランドについて語ったことがきっかけになって、Eタウンのプロデューサー経由で進んだ人選だった。

最後のＥタウンスポーツ

２０１５年４月。番組がスタジオに戻ってきた。同時に、番組名が「Ｅタウンスポーツ」に変わった。これまでの経済情報に加え、カープ、サンフレッチェなどのスポーツ情報も扱うことになった。

ＭＣには、あのＮさんに、スポーツ担当のＳさんが加わった。スポーツコメントを元カープ投手・横山竜士（現２軍投手コーチ）、経済コメントを引き続いて私が担当することになった。

その後（２０１９年）、ＮさんがＥタウンスポーツを卒業。そのときの彼女の最後の挨拶が、いまでも私の心のなかに化石のように残っている。当日は、たまたま私はスタジオにいなかった。

「長い間、ありがとうございました。特に、今日この場におられませんが、迫先生にはいろいろ教えてもらい、本当にお世話になりました…」

私はいまだテレビの画面越しに、このような形で声をかけられた経験はない。もし私がわずかでも彼女の成長に寄与していたとしたら、それは新入社員時代のほんの１、２年間に過ぎない。Ｎさんの今日があるのはもちろん、彼女の日頃の研鑽・努力の賜物である。

そして2020年のことだった。カープに佐々岡真司監督が誕生したとき、今度はコメンテーター仲間だった横山竜士さんが、カープの投手コーチになって去っていった。

そして2022年11月のある日のこと。自宅にもっと寂しい知らせが届いた。

「26日にEタウンスポーツは幕を下ろすことになりました」

その日。私はちょっと複雑な思いでテレビ画面の前に座っていた。その日のゲストコメンテーターは湯崎英彦・広島県知事だった。

考えてみると、番組の最終回にゲストコメンテーターとして県知事を招聘したプロデューサーの差配は見事だった。なぜなら、この番組はすべて県民のためだったと思われるからである。

この番組は、ひたすらヒロシマを単位として提供され続けたという点において、長い間存在する意味（価値）があった。ともかくこのような形で、私の長いコメンテーター生活は、ロウソクの灯が消えるように静かに終わった。

スポーツ担当のSさんからは、その後も時々ラジオ番組で声をかけてもらった。Nさん、Sさん、そしてそのスタッフもまた、私にとって大切な「Eタウン家族」だった。

2024年の賀状のなかに、中国放送の前々社長のHさんからのものがあった。その一口書きに達筆で「RCCをよろしく」と書いてある。

そういう意味で書くと、私は彼の期待に応えることができなかった。いろいろなことを体験させてもらったが、番組が幕を下ろすに至った責任の一端が、かすかにでも私（コメンテーター）にないとは言えない。

どんな職業でも〝人の志〟みたいなものが相手の心に届く。コメンテーターで一番大切なのは、それを語る〝個々の人生観〟ではないかと思う。しかし私は、第二の筑紫哲也さんにはなれなかった。

そして私はついに14年間のコメンテーター生活のなかで、ほとんど自分が被爆2世であることを前面に出して語ることができなかった。

刻は流れ、どんな世界でも永遠に…というものは存在しない。あの時代は遠い良き思い出になった。それはそれでよかったのではないか。

言葉と文字の力

言語と行動。この二つの間には、とてつもない大きな隔たり（飛躍）がある。万の言語を連ねても「そうしない」と言われたら、それまでである。

言ってみれば、人間の行動は、基本的に言葉の縛りを受けない。しかし私は思う。一方で人間の心というのは、そうはいかないところがある。いったん心のなかに入り込むと、長く、いや生涯残り続けることがあるからである。

そのことによって、知らず知らずのうちに行動が変わる。ここにコメンテーターとしての大きな使命があったように思う。

私が4年間も続けた「言わんと意見」は、世界で初めての被爆地ヒロシマで生まれ育った人間の特権と責務だったのではないか。この地に生まれた以上、「言わんでよい」ということはありえなかったのである。しかしその点について、私は反省している。

言葉や文字の力は、無限に近い。その言葉や文字を使って、未来の歴史学者たちは、いまの世界情勢をどう表現するのだろうか。できることならば「第三次世界大戦」の言葉や文字だけは、易々と使わないでほしい。

やや重い話になって恐縮だが、私は思う。人間はいつまで経っても戦うことを止めない生き物だと思う。悲観的な見方をすれば、いま人類はゆっくりと時間をかけて一歩ずつ破滅の方向に向かいはじめているようにも見える。

特に、ごく一部の非人道的な心を持つ為政者たちの存在によって、世界の安全が脅かされるのは、どう考えても理不尽の極みだと思う。ただその一方で、たとえ一時的に世界がそうなりそうになったときでも、それを周囲の国々（組織）が抑制する国際的な仕組みを作ることはできるかもしれない。

しかし、いまその拠り所となる「国家間の距離感」が失われつつあるように見える。何かコトが起きると、すぐにどちらかの陣営（国）の支持に回り〝制裁〟などを口にする。そして理由なきグループを作り、対立の溝を深めていく。

考えてみると、国家間の関係というのは元来、すべてが等間隔（平等）というのが基本である。その一方で、国家間での過度な感情（憎悪、偏見など）移入というのは、地球を破滅に追い込むリスクがある。

ただ人間が国家という枠組みを形成すると、どうしても一つの方向（武力など）に固執する傾向になる。それは人間（国家）の性（さが）なので、仕方のないことでもある。

そうなると、片方が〝我慢すること〟が大切になってくる。この「我慢比べ」が平和への道を創るのだ。

多くの民族が暮らす人間社会というのは、意見の相違・対立がある方が自然なのである。従って、ある程度の〝けんか〟はやむを得ない。ただ殺傷能力のある兵器を使用する武力行使については、とことん慎重でなければならない。

いかなる国でも何人でも、自衛の権利がある。もしそれで命を奪い合うようなことがあったとしても、日本のごく限られた集団の仇討ちだった「忠臣蔵」くらいが限界であろう。戦いにも人間の節度（美学）が必要なのである。

２０２４年９月。イスラエルがベイルート郊外（レバノン）で、予め仕掛けておいたポケットベルやトランシーバーを爆発させ、ヒズボラ戦闘員37人を殺害し、市民を含む３０００人近くを負傷させたとされる行為は、人としての最低限のルールも無視した〝人間にあるまじき蛮行〟だった。

私の感覚で書かせてもらうなら、いま戦場で多用されているドローンなどによる無人機攻撃も、すでに人間としての一線を越えている。もし心ある人間を名乗るなら、もうそんなことは止めようではないか。

この際、日本という国は、国民全体が総じて〝リベラル〟（良識的）であることをもって、世界から高く評価されている。そしていま日本人は、「平和の言語や文字」を発信できる最もふさわしい立場にいる。

繰り返すが、地球上のすべての国を一つのやり方（例えば民主主義）で統一しようとする試みには、決定的な無理がある。

人それぞれの生き方、国それぞれの統治方法（体制）…。むしろこのバラエティこそが、人類の宝物なのではないか。そこで果たす言葉と文字の役割は、〝限界〟という概念を拒否し続けている。

広島のメディアが発するメッセージ

広島には私が一時コメンテーターを務めた広島テレビ、中国放送の他に2つの民放テレビ局がある。これにNHK広島を加えると計5局になる。

これらの放送局の役割について考えてみるとき、どうしても、そこに他とは違う大きな使命があるような気がしてならない。それは長崎県を除く他の都道府県にない「原爆とその後」の報道である。

1962年に開局した広島テレビは、被爆都市の実体を伝えるために、1969年の杉村春子主演の『礎《いしぶみ》』、1977年の『家路』（いずれも芸術祭優秀賞）の制作（DVD化）を主導した。さらに2003年の『チンチン電車と女学生』、CGであの8月6日を蘇らせた2005年の『消えた街並みからのメッセージ』も記憶に残る。

一方、遡って1952年に広島で初めて民放として開局したラジオ中国（RCC＝Radio Chugoku Company）は、同年10月2日に初めて広島カープvs大洋ホエールズ（現・横浜DeNAベイスターズ）の公式戦を実況ナマ中継した。

開局当初のスタジオは、当時の中国新聞社の屋上に8畳ほどの小屋を作ったもので、現在の局舎が完成するまでの約1年間は、そこから放送した。

のちにラジオ+テレビに進化したRCC中国放送もまた、広島の復興を伝えながら市民とともに歩んできた放送局の一つである。

実は、私がこの本を著すきっかけになったのも、そのRCCテレビ番組だった。2019年8月1日。福岡から広島にやってきた一人の女子アナが、広島に住む祖母(当時91歳)から初めて被爆体験を聞いた『おばあちゃんから私へ~あの日の広島を辿る~』が放映された。

祖母の弟が、被爆後、救護施設となった観音小学校(私の母校)に搬送された。そこで無念にも命を落とす。番組は、この亡骸が瀬戸内海の小さな島「似島(にのしま)」で埋葬されるまでの足跡を追ったドキュメンタリーだった。

このとき私は、番組のナレーションで〝観音小学校〟の名前を耳にし、頭のなかでその女子アナの親族の物語と、子どもの頃に母が私に教えてくれた話(62P)が結びついたのである。女子アナの親族(祖母の弟)が亡くなったその場所に、私の母が手伝いとして動員されていたのである。

その福岡から広島にやってきた女子アナこそ、私が、彼女の新入社員のときからずっと一緒に仕事をした、あのNさんだったのである。月並みな表現だが〝世の中は狭かった〟。

ここに、私が現役TVコメンテーターとして語らなかった「言わんと意見」を、この章の締めとして短く記しておきたい。

「ヒロシマという街は、戦後わずか80年で世界の国々から〝平和都市〟と呼ばれるようになりました。いま世界のさまざまな国から老若男女が集まってきます。これはフツーのことではありません。ならば、そこに住むヒロシマ人は、世界に例をみない悲惨な体験と記憶を胸に刻み、もっと平和について語り、その話を広めていこうではありませんか。そしてもっと行動を起こそうではありませんか。

それは責任とか責務とか、難しい話ではありません。ただ私たちの良心に従って、素直に〝ありのまま〟に話せばよいのです。

いま世界に類を見ない物語を創り出してくれる劇画のようなカープ、サンフレッチェと共に、この情況を殊更に謳歌し、この光景を世界に広めていこうではありませんか。ヒロシマ人は、映画の題名ではありませんが、〝世界の中心で平和を叫ぶ〟の主人公なのです」


この本の校正作業に入る頃だった。海の向こうから嬉しいニュースが飛び込んできた。日本被団協がノーベル平和賞を受賞するというのである。どこか私の「言わんと意見」に援軍を得たような気がした。

第8章（終章）

混迷の世紀
―和平への道はあるのか

ヒロシマ、ナガサキの人は
発想の出発点が異なる

破壊されたウクライナの街（2022年）

世界の平和の祭典である「2022年北京冬季五輪」が閉幕した4日後（2月24日）のことだった。日本人にとって寝耳に水のような「ロシアのウクライナ侵攻」がはじまった。ロシアはこれを「特別軍事作戦」と呼んだ。

ここから先、明らかに世界が定められた水路を流れるように、一定の方向に進みはじめた。西側諸国が、それぞれ異なる色合いで団結を強める。その一方で、中国の習近平国家主席とロシアのプーチン大統領が、それぞれの国で会談。冷戦が終わってから一時、境目が見えにくくなっていた〝東西の溝〟が再び掘りはじめられ、そして深まっていく。

この流れをいっそう加速させ、複雑化させたのが2023年10月7日のイスラム組織ハマスによるイスラエル攻撃だった。これに対するイスラエルの反撃（ハマス掃討作戦）は、まるで常軌を逸したかのような凄まじさで、世界に衝撃を与えた。

かつてアフガニスタンでも、イラクでも空爆が繰り返されたが、これほど短期間に特定の地域が激しく破壊された惨劇は、ほとんど人々の記憶にない。あるユダヤ人（エルサレム在住）の言葉が心に残る。

「パレスチナ人が空爆で殺されようと、関心はない。ユダヤ人へのこんなテロ（10月7日）が二度と起きないように報復しているだけだ。パレスチナ人がこの地にいる限り、戦争に終わりはないだろう」

この言葉を聞いて、私は少なからぬショックを受けた。そして、かつてＮＨＫ番組で目にしたことのある〝壁メモ〟を思い出した。それはナチス・ドイツによって約１１０万人の命が奪われたとされる時代に、アウシュビッツ収容所の壁に遺された落書きだった。

「一番悔しいことは、ここで命を落とすことではない。これから復讐できないことである」

この言葉のなかに、戦争が永遠に終わらないことの本質がある。家族を持つ人なら誰でも想像できると思うが、人が人を殺すという行為は、１００年も２００年も世代を超えて〝憎しみの連鎖〟を生む。

あの時代から80年以上が経過したイスラエルのパレスチナ攻撃が、アウシュビッツのユダヤ人大量虐殺、そして〝壁に残された落書き〟と無関係だと、誰が断言できるだろうか。

まさかと思っている人が多いと思うが、いま世界各地で起きている紛争は、不測の出来事によって、再びグローバルな戦いへと変わっていく…可能性がある。

歴史を紐解いてみよう。イスラエル王と呼ばれたダヴィデが、エルサレムを攻略し、近隣諸国を征服・併合したのは、いまから３０００年以上前の紀元前9世紀のことだった。イスラエルとパレスチナの争いは、もう気が遠くなるくらい続いているのである。

拡大する戦場、増大する軍事費

平穏だと思われていた今世紀が、にわかに不透明になってきた。いまは何が起きても不思議ではない〝混迷の世紀〟だといえる。

ＩＳ（イスラミックステート）によると思われるロシア・モスクワの劇場への襲撃テロ事件。イランやレバノンを拠点にしたイスラム組織（ヒズボラ）からのイスラエル攻撃。そこにイエメンのフーシ派が加わる。いま世界中に連鎖のようにして戦場が拡大しはじめた。

こうなると、国際感覚に乏しく平和ボケと揶揄される日本人（ヒロシマ人）にとって〝どこがどういう目的で何を攻撃しているのか〟、あまりに複雑に入り組んでいて、よく分からないようなところがある。

敵・味方の構図が、世代を超えた人々によって脈々と受け継がれているせいもあるが、憎しみの度合いによって「敵の敵は味方」となる場合もある。こうなると〝和平〟というのは、一朝一夕にはできないのである。

そんななか２０２４年、スウェーデンのストックホルム国際平和研究所（ＳＩＰＲＩ）が公表した「２０２３年 世界の軍事費トップ10」（別表④）が興味深かった。

別表④ 2023年 世界の軍事費トップ10

順位	国名	軍事費
1位	米国	9160億ドル
2位	中国	2960億ドル ☆
3位	ロシア	1090億ドル ☆
4位	インド	836億ドル
5位	サウジアラビア	758億ドル ☆
6位	英国	749億ドル
7位	ドイツ	668億ドル
8位	ウクライナ	648億ドル
9位	フランス	613億ドル
10位	日本	502億ドル

＊ SIPRI調べ（☆は推計値）

世界の国々の軍事費は、前年比６・８%増の２兆４４３０億ドル（約３７７兆７６１０億円）で、９年連続で増加し、23年に過去最高を記録した。その要因は、やはりロシアのウクライナ侵攻だった。

上位10か国のいずれも、ロシアの行動に合わせて軍事費を増やしており、特に上位５か国の合計だけで、世界全体の61%を占めた。この数値は、明らかに「ロシア、イスラエルの行動によって世界の安全保障環境が変化しはじめたこと」を意味している。

当事者のロシアは、24%増の推計１０９０億ドルで国内総生産（ＧＤＰ）の５・９%を占め、ＧＤＰ比としてはソ連崩壊以降で最高水準になった。またウクライナは、前年比51%増の６４８億ドルで、前年の圏外から一気に世界のトップ10（８位）に入った。

つまり軍事費３位のロシアと８位のウクライナが日夜、武器や弾薬を激しく消費しているのだ。そこにウクライナを支援する米国、ＮＡＴＯ諸国が当たり前のようにして、軍事費を増やし続けている。

この状況に加え2024年からは、中東でも軍事的な攻撃の応酬が激しくなり、当事国や周辺諸国の軍事費が増加の一途を辿っている。

同調査で日本は11％増の502億ドルで世界の10位だったが、増加率は過去50年で最も大きかった。これからさらに軍事費を増やしていくという日本政府の政策は、これまで進めてきた世界の軍縮の流れを大きく後退させるもので、こういう流れのなかでは、日本が世界の軍縮のイニシアティブをとることがいっそう難しくなってきた。

語るまでもなく、生産性とは真逆の働き（意味）を持つ軍事費というのは、人間の傲慢さ、エゴを象徴するものであり、その一方で人間の心の弱さを表す数字でもある。つまり人間の胆力の喪失である。

もちろん世界の軍事費を削減していくために一番必要なことは、世界の紛争を一つでも少なくする努力をすることである。その際は、そこに加わるという発想ではなく、世界の争い事から適切な距離を置き、国家としてもう一つ高い次元の視点（考え）を持つことが大切になる。いくら友好国だと言っても、同じ土俵に上がって一緒に相撲をとるというのは、極めて危険で次元の低い外交なのである。

この本の主旨を少しオーバーランするかもしれないが、〝これからの世界情勢〟について前章の「言わんと意見」の精神で、思い切り大胆に一人の老人（被爆2世）の愚考を書き留めておきたい。

岩より硬い出発点

まず身近な例で、基本的なことを書いておこう。あなたの街のパン屋さんで一人の男が「パンを盗んで逃げた」としよう。いまの日本人なら誰しも〝けしからん〟と思い、正義感と勇気のある人なら、追っかけて捕らえようとしたりする。

そしてこう言うだろう。「日本は法治国家だ。他人のものを盗むのは犯罪であり、処罰されなければならない」。もちろん、私もそう思う。

しかしここにはもう一つ、別の見方がある。その男は貧しくて、例えば数日間〝何も食べていなかった〟という可能性もある。このくらいの行為なら許してあげないと、路頭で衰弱して死んでしまうかもしれない。こうなると「人の命は法律より重い」という人道的な発想が頭に浮かんでくる。

現に、私の家内は窃盗事件のニュースが放映されると、時々その状況によって「まあ、可愛想ね」と犯罪者の側に同情を示すことがある。人の世はもっと経済的に平等でなければならない、という気持ちが心底にあるからだと思う。

つまり同じ事象を目の当たりにしても、人間は真反対の考えを持つことができる。それは自分が生まれてきた環境や出来事、受けた教育…。そこにその人の人生のすべてが凝縮されているからである。

そう考えると、人間社会で一方が正しくて、一方が間違っていると考えること自体が間違っているのではないか。自分が正しいと思った瞬間に、相手も正しい。

議論がすれ違うのは、それぞれの発想の起点（出発点）が異なるからである。いまイスラエル人とパレスチナ人に〝話し合え〟と言っても、どこかムリなところがある。しかし、それでも周囲の仲介や互いの努力によって〝仲良くしよう〟はありえる。

人間が善悪（白黒）を決める比重というのは、どういう議論をするのかというよりも、どこを出発点にするのかということの方が決定的に重いのである。

そういう意味で、あまり悲観的なことは書きたくないが、いま世界を二分する西側と東側の関係、さらにイスラエルとパレスチナの関係が、話し合いによって双方が満足する形で折り合いがつくという可能性は、無念ではあるが、日本の宝くじに当たるよりも低い。その理由は、すべての人間が持つ出発点の違いにある。

例えば、旧ソ連時代に諜報員だったロシアのプーチン大統領は、どうしても消せない特異な歴史観を持ち、そこがすべての出発点になっている。そういうリーダーの下で、たとえ情報統制があったとしても、あるいはなかったとしても、似たような出発点を持つ国民が共鳴しロシアという国家を成立させている。

またイスラエルのネタニヤフ首相は、かつてのナチス・ドイツとパレスチナの歴史的な関係を主張し、ホロコーストのトラウマから逃れられない政治家である。その出発点は岩のように硬く、その執念みたいなものが一定（少数）の国民から支持されている。

いったい世界の誰が、こういう特異な出発点を持つプーチン大統領やネタニヤフ首相を一夜にして説得できるというのだろうか。

こうした現状のなかで唯一、話し合いをするだけで、一定の役割を果たすと考えられるのが米ニューヨークに本部を置く国際連合（国連）である。

平和的な仕掛け（拒否権）

ロシアのウクライナ侵攻がはじまったときの国連・安全保障理事会（安保理）でのやりとりを覚えている人は多いと思う。西側諸国が「侵攻を止めろ」と迫っても、ロシア代表は飄々とこれに反論した。

その後も度々、侵攻を止めさせる決議案が提出されたが、その都度、ロシアが拒否権を行使。

それに当初は棄権の態度を貫いていた中国が、時々同調する。ともかく国連というのは、大切なことは何も決められない。いや正確に書くと、そもそも何も決めさせないシステム（組織）になっているのだ。

この大人のメカニズムを簡単に説明しておこう。広島に原爆が投下された１９４５年に成立した国連は、当初、加盟51か国（理事国11か国）だった。それが２０１１年時点で加盟１９３か国（理事国15か国）になった。

なかでも重要なのは、世界の安全保障を決定的に左右する安保理の５つの常任理事国（米国、英国、フランス、ロシア、中国）が、常に議案に対する拒否権を持っていることである。

常任理事国以外の理事国は、理事国選挙に立候補し、国連総会で構成国の３分の２以上の支持を得る必要がある。ただそれでも安保理には参加できるが、拒否権はなく任期は2年。そして再選はできない。

いま国連で最も大切な機能を持つ安保理は、全会一致が原則なので、１か国でも反対があれば議案は成立しない。

話を現実に戻すと、その後、イスラエルの非人道的な攻撃が繰り返されたとき、あのロシアが安保理に「イスラエルの攻撃を止めさせる」議案を提出した。すると今度は、米国が拒否権を行使。両陣営が拒否権を応酬する状況になった。

このような状況では国連の機能なんか、ないに等しいと思う人が多い。そのため歴代の事務総長が「国連改革」を訴えてきた。しかしそれは、どうやっても実現しない。なぜかというと、既得権益である拒否権を現在の常任理事国が手放すことはありえないからである。また常任理事国が拒否権を行使すれば、改革案そのものが成立しない。

それでも創設80周年を迎える国連は、安保理での拒否権の乱発を防ぐため「拒否権イニシアティブ」をめぐる改革案の導入を模索している。その主な内容（主旨）は次の2点である。

①紛争当事者は、安保理の決議（採決）に加わることができない。

②拒否権を行使した国は、全加盟国に対し、その理由を10日以内に説明しなければならない。

ともに良い案ではあるが、いずれにしても国連決議に法的拘束力はない。

ここからは私の愚考にすぎない。国連というのはそれでよいのではないか。そもそも一つの考えでまとまりがつかないのが、世界の現状である。それを一つにまとめようとすると、むしろ摩擦が拡大し、やがて武力で決着を…ということになるかもしれない。

国連内部では、いくらけんか（論争）をしても決裂しても、とことんやり合うことが大切である。もしそれを止めたら、国連が分裂し、本当の世界戦争になってしまう。

この拒否権システムは、一部の国が、国連の前身（国際連盟）を脱退したことを機にして、第二次世界大戦が始まったという反省から生まれた。つまり先人たちは、再びそういうことが起きないように拒否権という平和的な仕掛けを導入したのである。

異なる出発点を持つ国々が、どんなに議論しても共通の妥協点を見出すことはできない。ただそれでも、話し合いを止めてはいけない。それが、この地球上で一緒に暮らす唯一の方法だからである。

繰り返すが、本当は誰も知り得ない世界の不可思議な人間社会メカニズムを、ニューヨークの細長いビル（国連）のなかだけで、為政者（代表者）たちが集まって決めてしまうということ自体にムリがある。

国連を改革し、自分たちの思うような方向へ…という考え方は止めた方がいい。現在の国連システムは、第三次世界大戦に突入しないための賢明な人類の知恵だったと思うからである。

貧しい日本の政治力

このところの日本の政治の劣化が、マジ気にかかる。その心配の源を辿れば、政権与党（自民党）の上層部を占める国会議員のほとんどが世襲であることと無関係ではないような気がする。

岸田文雄前首相、安倍晋三元首相、麻生太郎元首相は3代目。さらに若手の小泉進次郎も4代目である。彼らは親から地盤も資金も引き継いだ。

さらに引き継いだものは、地元の力だけではない。過去の親同士の政策（考え方）の違いや〝遺恨〟まで引き継いでいるのだ。

そういう古い構造が、日本政治の活性化を妨げている。実は、いまの2〜4世議員のほとんどは東京生まれの東京育ち。彼らが祖先の故郷（選挙区）で立候補し、また次を自分の子どもに託す。この延々と続くシステムによって、高い志を持ち「日本を良くしたい」と思う若い人の芽を摘み取っているのである。

そういう独特の空気のせいか、国会では、日本の行く末について真剣に議論することはほとんどなく、質問に対し「記憶にない」「分からない」「検討する」を連発し、まるで政治の体を成していなかったのだ。

ご存知だろうか。これまでの政治には「なんちゃって改革」という手法があった。本気で改革するつもりはないが、世間の厳しい批判をかわすため表向き、小手先の法案を整備するというやり方である。24年に改正された「政治資金規正法」がこれに当たる。

さらに大きな問題は、国家にとって大切なことが、いつのまにか総理一人の頭のなかで人知れず決まっていくことだった。

元広島市長の平岡敬は、自著『君たちは平和をどう守るのか』（南々社）のなかでこう表現している。

「広島一区から選出され、『核兵器のない世界』の実現がライフワークと言っていた岸田首相が、国民への説明も国会での議論もなしに、日本を、戦争をしない国から戦争をできる国に、さらに戦争をさせられる国にしてしまったことは、戦争を否定し平和な世界の実現を目指す広島の願いとは相容れません。戦争への道を開いた岸田首相を送り出したことを、広島市民は恥ずかしく思わなければなりません」

私も、少しだけそう思った。安倍元首相の国葬や自民党のパーティ券問題などに関する諸々の判断は、日本の外交史をひっくり返すような問題ではなかった。しかし国民に説明することもなく「原発推進への転換」「5年総額で予算43兆円を投じる防衛力の抜本的強化」などを一人で易々と決めてしまったのは、日本の憲政史上、あまりに大きな過ちだったように思う。

外交政策でも米国への追従一辺倒。米中関係の悪化によって、あまり関係のない日本までその渦中に巻き込まれた。そしていま、日中関係の厳しさに耐えないといけない時代に入った。ロシアへの対応もまた、米国への追従の原則に従って〝制裁〟に乗り出したため、北方領土問題はいっそう厳しさを増し、北に住む日本人（特に漁業関係者）は、ロシアの陰険な脅しにどこか不安な日々を送ることになった。

もちろんロシアのウクライナ侵攻と懸案の北方領土問題とは、基本的に何の脈絡もない。しかし日本がウクライナ侵攻で西側諸国に〝制裁〟という形で同調したことによって、二つが関連付けられたのだ。

いまや日本人は、中国やロシアの哨戒機や軍艦が日本の領土内に侵入してきても、さほど驚かなくなった。そんな国際的な空気のなかで、現在、人命救助、災害地支援などで世界一有能とされる日本の自衛隊を、外国の軍隊と戦える組織にしようとする動きがある。

さらにそれらにダメを押すように、今度は他国へ武器の輸出を可能にするというのである。日本政府は、いったい何を考えているのだろうか。

持論を申し上げるならば、いま大切なのは軍事の面で〝現状を変えないこと〟である。これを変えようとすると、周辺諸国は身構え、やがて日本は本当に戦禍に巻き込まれることになるかもしれない。そうなると、あなたの子どもは…。あなたの孫は…。もう、そういう愚かな「理由のない追従外交」は止めようではないか。

言うまでもないが、ロシアは日本の北側にある隣国である。深い洞察もなく、他国に同調して行動してしまうと、本来、日本と関係のなかった事案によって、新たな敵対関係が生まれてくる。

さらに日本政府の考えに追従した広島市は、2024年8月6日の原爆記念式典にロシアとベラルーシを招待しなかった。心情的には分からないでもないが、これが結果的に世界の分断に拍車をかけ、ロシアの核使用の可能性をいっそう高めることになった。

こういう小さな度量の発想により、長崎市も混乱を招いた。同市は「パレスチナ自治区ガザを攻撃するイスラエル」を招待リストから外したのである。これに反発した一部の大国の大使が、式典に欠席するという事態に陥った。それらは外交上、なんとも次元の低いやりとりだった。

広島市や長崎市の判断はさておき、いまの日本政府は、国家の行く末を長期的かつ俯瞰的に見る広い視野に欠けている…と言わざるを得ない。

日本の「国際的な信用」

こういう私の「言わんと意見」は、素人で門外漢の浅い見識だと笑われるかもしれない。しかしこれが、国際社会で存在感を示すために最も大切なスタンスではないかと思う。そのことを分かりやすく書けば、日本は戦後から世界各地に根強く残っている「国際的な信用」をフル活用すべきではないかということである。

いま日本が持っている最大の武器（国を守る力）は、世界10位の巨額の軍事費を背景にしたハイテク戦車やミサイルではない。それは間違いなく、戦後からコツコツと培い育ててきた世界1位の「国際的な信用」である。

これと同じ主旨のことを『国家の品格』（新潮新書）の著者・藤原正彦は、次のように綴っている。

「日本は有史以来、ずっと〝異常な国〟なのです。遠くの国はもちろん、近隣の国ともまるで異なる国でした。これからも〝異常な国〟であり続けるべきと思います。（中略）米国の国際政治学者サミュエル・ハンチントンは世界の八大文明の一つとして日本文明を挙げています。日本が世界のどの国とも違う、独自の文化文明を作り上げてきたからです。先人の作り上げた日本文明の非常に優れた独自性を、どうにかして守り続けるのが、子孫である我々の義務だと思います」

平岡元市長や多くの知識人の苦言の主旨は、おらが広島の街から選出された岸田前首相が、このことをいとも簡単に崩してしまったことにある。

この日本の国際的信用の低下の話は、プロローグで書いたバーレーンでの体験談にも繋がっている。中東の戦火のなかで、そのことが現実になった。

2023年10月7日。ハマスがイスラエルを奇襲攻撃した直後のことだった。米国が一早く、世界に向けてイスラエル支持を表明した。すると間髪を入れず、日本もイスラエル支持を内外に表明した。

果たしてそのとき日本政府は、イスラエルとパレスチナの3000年にも及ぶ長い歴史を十分に理解したうえで判断していたのだろうか。コトは何万人もの人命に関する問題だった。

その直後、『中国新聞』の片隅にイスラエルの凄まじい襲撃を受けた、ある町の副町長の談話が載っていた。

「なぜ日本政府は、米国に同調したのか。日本は国際政策において、独立・公平の国であると思っていたのに…」

アラビア半島には、多くの親日派のアラブ人が住んでいる。というよりも、反日の人なんかほとんどいない。イスラエルの後ろ盾の米国と過去に戦火を交え、広島と長崎に原爆を投下された歴史は、日本人の心のなかでどう整理されているのだろうか。彼らは目の前の現状と、そのことを重ね合わせて見ている。

日本は2003年にも米国主導のイラク戦争を支持した。今回も何のメッセージも発しないまま、米国に追従したことへのアラブ人の視線は厳しい。

気の遠くなるような長い時間をかけて日本人が営々と築いてきた「国際的な信用」が、いま音をたてて崩れはじめている。

被爆地出身の総理として

2024年の終戦記念日の前日（8月14日）。日本中に〝寝耳に水〟のニュースが流れた。岸田首相が9月に予定されていた自民党の総裁選に出馬しないというのである。

人により想定外、想定内の違いはあったものの、やはり広島人の心のどこかに〝無念〟、その一方で〝やっぱりダメだったか〟という落胆の声が聞かれた。彼くらい大きく割れる評価を得た首相はいなかったかもしれない。

私も含め広島人には、全国の人たちにない、色合いの異なる特有の願いがあった。それは、彼が世界で初めての被爆地出身の総理だったということである。彼の口から発する言葉は、世界のリーダーたちの誰の言葉よりも重い…はずだった。

そのため元広島市長の平岡敬、さらに地元の『中国新聞』の論調も、岸田前首相には殊のほか厳しかった。

その訳を語るなら、彼が「核兵器のない世界」の実現をライフワークにすることを掲げ、日本のリーダーに昇りつめた人だったからである。言ってみれば、あまりに現実との格差が大きすぎたことに対する、同胞たちの苛立ちだった。

その根源は、やはり岸田前首相の出発点にあった。彼もまた東京生まれの東京育ち。古里・広島に親戚（被爆者含む）の人たちが住み、すでに亡くなった人もいる。彼は子どもの頃から、その人たち（被爆1、2世）の話に耳を傾けながら、同じ空気を吸っていた。

その親戚の一人に自身が被爆者で、国連の核兵器禁止条約の決議に尽力したサーロー節子さん

（カナダ在住）も含まれている。

岸田前首相の政治家としての数少ない長所の一つは「打たれ強く、何事にも辛抱できる」ということだった。この点が、どことなく広島の〝被爆者の魂〟に通じるところがあった。国会でどんなに激しく追及されようとも、人々が予想もしない奇策を打ち、たとえ首の皮一枚になったとしても、それを乗り越えていくような力があったような気がしていた。

そのことが、やがて国を救うかもしれない。そういうかすかな予感が、彼を人知れず応援する人たちが一定の割合で存在していた理由だった。

実のところ、いまの日本政治の危機は、岸田前首相のリーダーとしての資質や能力が、期待レベルに達していなかったということではない。それを批判する側の野党も含めて、彼に代わる人材がいなかったことが問題だったのである。

彼の在任期間（１０９４日）は、いつのまにか田中角栄、橋本龍太郎を抜き、戦後35人の首相のなかで８位になった。

その後に続いた石破茂政権は「政治とカネ」問題で衆院選でもろくも崩れ、日本の政局をいっそう混乱させた。その根底にあるのは、日本のリーダーとしての資質を備えた人材がいまなお見当たらないことである。

岸田前首相は明らかに、歴代の首相とは異なる境遇にあった。それは世界から核兵器をなくすため、その活動の先頭に立つことができる最もふさわしい地位にいたということだった。私たちは在任中に、彼がそこに踏み込むことを期待し続けたが、ついに道半ばでその地位を降りることになった。

個人的な話になるので、笑って読んでほしい。実は立場の違いは比べるべくもないが、岸田前首相も私も、地元マツダの同じ部署の同じ状況から伴侶を得た。

私の家内は、かつてマツダの第3代社長・松田耕平の秘書として働いていた。岸田前首相の奥さんもまた、マツダで役員（第7代社長・和田淑弘の副社長時代）の秘書を務めていた。

その頃、若き日の岸田さんがマツダを訪問したとき、奥さん（裕子さん）がお茶出しを担当したことがきっかけになり、その後アタックを受けて伴侶になった。このいきさつによって、私は岸田さんにずっと〝親しみ〟を感じていた。

私は勝手に、いまでも岸田さんは、根っからの善人であると信じている。彼は議員宿舎時代に、家庭の風呂洗いや皿洗いを担当していたと聞く。また在任中、訪れた幼稚園で幼児と一緒に遊ぶ人間・岸田の姿も印象的だった。こういう人柄からして、私はいつも「がんばれ！岸田さん」だったのである。

時々に奇策のようなやり方で国民を驚かせてきた岸田さんは、その引き際のタイミングも見事だった。われら被爆2世と同じくらいの世代で、被爆地出身の首相として、ともかく日本史にその名を刻んだ。

私とは考え方が異なる部分もあったが、舵取りの難しい今の政界の環境を考えると、一定の評価が与えられてもよいのではないか。

そして思う。いまからでも遅くない。これから自民党内のしばりを受けず、広島のため、そして家族のため、自分のため、正論をかざして、のびのびと残りの政治活動を全うしてほしい。

中立のすすめ

さらに独りよがりの「言わんと意見」を続けよう。いまの日本政府は「国際貢献」という美しい言葉を易々と口にするが、本気で世界に向かって何かを主張するような胆力（勇気）はないように思う。むしろ周辺諸国の顔色を伺いながら、最小限の存在感でお茶を濁すというやり方に終始している。

岸田前首相は、2023年のG7サミット広島で一時的に株を上げた。もちろん良いこともたくさんあったが、一方で信じられないようなことも2つあった。その一つが、紛争の当事国であるウクライナのゼレンスキー大統領をサプライズで広島に招き、西側諸国の結束を殊更にアピールしたことだった。

日本の立場上、ウクライナを支援することは全く構わない。しかしそのことを煽り立て、世界の対立構造を目に見える形でいっそう深掘りしたのは、世界から信頼される日本として適切ではなかった。

広島の地で、戦争当事国のどちらか一方に加担し、対立構造を際立たせるような極端な言動は、結果的に公平な広島の平和についての発信力（立場）を弱め、国際的な支持を限定的なものにしてしまう。

もし広島の名で語るのであれば、どちらか一方に加担するのではなく、もう一段高い次元で「戦争を止めよう」と呼びかけるべきだった。それが「ヒロシマの意味」だからである。

さらにもう一つ。このサミットで発表された「広島ビジョン」のなかで、核抑止力の維持が強調されたことについて、私は驚いた。当時のG7首脳たちは、「核による脅し合戦」を積極的に肯定したのだ。このことは、一貫して核廃絶による世界平和を訴えてきた広島の願いとは真逆の方向にあった。

いろいろな見方があってよいと思うが、私がこれを総括するならば「23年G7サミット広島は、被爆地としての広島の認知を高めたものの、一方で東西の分断を煽り、核兵器保有の意義を殊更に強調する場になった」ということだった。現に、その直後からロシアの仲間集め（結束）が、日増しに強くなっていった。

私は思う。いまの世界の安全保障環境のなかで、比較的安全で安定的な地位を保てるのは、どの国とも一定の距離を保つ中立外交の国ではないか。そういう国が、いきなり武力行使を受ける可能性は低い。

一方で、あまり直接的な利害関係はないのに、どちらかの国（グループ）にぴったりとくっ付き、こともあろうに〝制裁〟などに加わることは〝百害あって一利なし〟である。挙句の果てに、その国から武力攻撃を受けるようなことはあってはならない。いま日本の北端で、その可能性が皆無だとは言い切れない。

はっきり書くが、北方の大国ロシアは歴史的に見ても、西へ、東へ、南へと侵略を繰り返してきた好戦的な国である。それを考えると、よく分からない曖昧な行動はあまりにリスクが高い。必要なことはロシアに出向いて、きっちり対話し、納得したうえで行動を起こすことである。

2024年6月。ロシアのウクライナ侵攻後、はじめて外務省局長級の日ロ協議が、モスクワで開催された。協議された内容はさておき、そのことだけでプーチン大統領の対日発言のニュアンスが微妙に変化した。外交とは、そういうものである。

一方で私は、戦後の日本外交にとって一番大切なのは「日米安全保障条約」であることを十分に承知している。しかし、だからと言って何でも協力するという姿勢は、他国からも信頼が得られにくい。同盟国とはよく話し合い、両国それぞれにとって最良の道を選択すべきである。

第5章でも書いたが、米国が「日本の独自の判断」を頭ごなしに否定するようなことはないと思う。米国はディベートの国なので、いつでも日本の本心に耳を傾ける用意をしている。

マツダ時代の話。私は、よく仕事ができるT氏から次のような言葉を何度も耳にした。

「私は貴方の意見に反対し、自分の意見を貫くが、そうなると貴方は私を殺す?」

たかが仕事。たかが外交。基本的に、内輪で命を取り合うような問題ではないのだ。やがてそれで落ち着く。こうして、T氏はむしろ周囲からの信頼を増していった。

「お前は現実性に欠ける」と叱られるかもしれない。しかし、たとえ米国が日本独自の意見に異を唱えることがあったとしても、それによって両国の同盟(友好)関係に決定的なヒビが入るようなことはない。私は、そのことをフォードの人たちとの長い付き合いによってよく知っている。

覚えているだろうか。2018年のG7サミット(カナダ)で、欧州の首脳たちから問い詰められたトランプ大統領(当時)が、こう言い放った。

「そのことはシンゾウ(当時の安倍首相)に訊いてくれ!」

もちろんそのときは、トランプ大統領=アメリカ合衆国だった。彼は、米国の判断を日本の首相(安倍晋三)に委ねようとしたのである。

国際関係というのは、あなたの家の近所付き合いと何ら変わらない。きちんと挨拶し、きちんと話すことである。そして程良い距離感で、気長に接することである。

また同盟国というのは、友人付き合いに似ている。本当の友人なら、良いことも悪いことも正直に教えてくれる。そこから真の信頼関係が生まれてくるのだ。ほとんど意見を主張せず黙ってついて行くという姿勢は、反対にどこか不気味なところがあり、周辺国からも警戒される。

繰り返すが、国際関係の基本は全方位外交（中立）にある。その上で、同盟国とは忖度を止めて何でも素直に話すことである。

これが独立国家としての外交の基本である。その上で、臨機応変というか、それぞれの国と適切な距離感を保ちながら、ときの状況に応じ、しなやかに対処していくことである。

インド外交に学ぶ

こういう基本認識に立ったうえで、大切な国家外交の在り方について「言わんと意見」を書いておく。日米関係の強化／推進は、日本にとって最も重要な外交課題の一つである。

さらに独立国家として必要な防衛力も、不可欠だと思っている。ここに一定の予算を投入することも当たり前のことである。

その一方で、もう一つの大切な姿勢（マインド）を失ってはいけない。それは「常にもう一段、高いところからの視点を持つこと」である。

つまり大人同士のバランス感覚というのだろうか、対立する国からもよく意見を聴き、その上で自国の主張をきちんと伝えることである。

対立というのは、むしろ自然なこと。ただ一方で責める（攻める）、制裁／包囲してしまうという短絡的な行動がいけないと言っているのである。

外交というのは、国を単位として〝何でも賛成〟〝何でも反対〟という姿勢であってはならない。賛成することと反対することをきちんと区別し、丁寧に対応していくことである。私はそのことを米国（フォード）の人たちから学んだ。

企業でも国家でも同じことがいえる。特に国家というのは「一定の領土において、すべての住人を治める排他的な統治権を有する社会集団」のことを指す。つまり他から決して干渉を受けない〝排他的な姿勢〟が求められるのである。安易な迎合は、自国の否定ということにもなる。

今日のような「混迷する国際情勢」のなかでの国家には、次のような行動規範が求められる。

①損得勘定だけで、動かない。

②同盟国に振り回されないよう、独自の考えを持つ。

③どんなことにも動じず、毅然としていること。

④一定の品格を保ち、それを高めていくこと。

これらのことをしっかりと守ってこそ、真の国家なのである。つまり、単なる多民族の集団であってはならないのだ。

これらの観点で書くならば、私は、インドという国家の言動に共感を覚えている。インドのモディ首相は友好国のロシアがウクライナ侵攻をはじめた直後に、プーチン大統領に面と向かってこう言った。

「いまは戦争をするような時代ではない。自制を求める」

一方のプーチン大統領は、こう応じた。

「バランスのとれた良い話を聴かせてもらった。心に留めておく」

もちろんこういう大人のやりとりで、事態が変化するようなことはない。しかしこのやりとりによって、両国の関係はいっそう明確になった。

インドは、ロシアのウクライナ侵攻に反対だが、西側の〝制裁〟に加わるようなことはなかった。一方のロシアも、インドの姿勢を理解し、両国の友好関係（経済含む）を解除するようなことはなかった。

それどころか2024年7月。プーチン大統領は、モディ首相をモスクワに国賓として招待し会談した。話が折り合おうが、すれ違おうが、両国はずっと〝付かず離れず〟の密な外交関係を保っている。

これが全方位・中立外交のお手本である。インドは西側諸国とも、東側諸国とも友好的であり、いずれのグループでも強い発言力を持っている。

この際、私たちがインドに注目すべき理由ついて書いておく。いまからわずか78年前の1947年に英国から独立したインドは、地道に独自外交を貫き、今日の地位を築いた。

ロシア、カナダ、米国、中国、ブラジル、オーストラリアに次ぐ世界7位の広大な国土を有し、人口は中国を抜き世界最多の14・2億人超え、世界の約17％を占める。

その人口構成は、少子高齢化に悩む中国や日本とは異なり、若年層を中心にして全年代にバランスよく広がっており、これからの経済発展の可能性を限りなく感じさせる。

2024年6月には、インド史上最長となる3期目のモディ首相が、その規模で世界記録となった6億4000万人以上が投票する選挙戦を制し、政権を担っている。

出てこい！次の大谷翔平

自然災害の話だが、2011年3月11日の東日本大震災では関連死も含め、実に1万5900人もの犠牲者が出た。そして2025年で、あの大震災から14年もの刻が流れる。一方で広島は、あの被爆から80年になる。

14年と80年。歴史的にまるで異なる時代の出来事のように思っていた。しかし歳をとったせいだろうか、あまり大きな時間差を感じなくなった。14年前も80年前も、ついこの前の出来事のように思えてきたのだ。

戦争か、災害かの違いはあるものの、破壊された街の情景が同じように見える。さらにいまロシアに破壊されたウクライナの街の情景、イスラエルに攻撃されたガザ地区の情景、さらに2024年1月1日に発生した能登半島地震による被災地の情景までも、同じように見えてくる。しかしこれらは、決して同じではない。

形あるものは必ずいつかは壊れる。しかし少なくとも自然災害ならいざ知らず、戦争による人為的な破壊は、この世にあってはならない。人々が営々と築いてきた貴重な構築物が意図的に人の手によって破壊されるのを見るのは、同じ人間としてつらい。人間はいったい何をやっているのか…と思う。これを防ぐ術は、本当にないのだろうか。

思うに、いま世界で一番必要なのは、それぞれの国を一定の方向に導くリーダーたちの次元の異なる資質ではないか。言うまでもなく、すべての国が独善的な自国第一主義ということになると、地球の未来は知れてくる。

残念ながら、いま世界のリーダーたちの顔ぶれを見ると、一抹の侘しさを感じざるを得ない。

むしろ一握りの常軌を逸した（と思われる）人の行動によって世界が一喜一憂するありさまというのは、やりきれなく空しい。

ただ米国の第47代大統領に返り咲いたトランプ氏については、人々の好き嫌いは別にして、彼特有の人間力によって、いまの不安定で不穏な空気（世界情勢）を変えてくれるかもしれない。

また日本の政界を見渡してみても、グローバルな視点で正しい世界観や歴史観を持つ政治家はほとんどいない。もちろん日本国のリーダーなら、気候変動問題、核問題…。地球規模の課題を本気で考え、各国の首脳たちと堂々と渡り合える人でなければならない。

しかし人間が現世を主導する時間というのは、人類がいなくなるまで残っている。いまはいなくても将来は…ということになると、話は違ってくる。

日本にはその候補の人たちがたくさんいるように思う。いや、必ずいると思う。政界における〝大谷翔平〟（岩手県出身）が、特に東京から遠い地方にたくさん眠っているような気がしてならない。

そういう人たちは、例えば、広島では被爆3世の人たちのなかに多い。なぜ私がその人たちにリーダーとしての素質を感じるのかというと、この章のテーマにした「発想の出発点」が揺るがないからである。

逆境に向かう力

読者は、爆心地周辺に生き残った〝被爆樹木〟の話をご存知だろうか。もう草木も生えないと言われた土地で、かろうじて生き延びた159の樹木（管理者・広島市）のことを指す。その樹木たちは一本の例外もなく、すべて爆心地に向かって幹を伸ばし続けている。

その訳は、あの日、爆心地からの熱風でその方向の樹皮がすべて焼け落ち、機能を失ってしまったのに、他の部分がすくすくと成長し、その結果、自然に樹木全体が爆心地方向に傾いたからである。それでも樹木たちは生き続けている。

被爆2、3世の人たちの〝伝承の力〟（逆境に向かう力）というのだろうか。このところ急に高校生、大学生などに平和問題に関心を寄せる人が増えてきた。彼らに〝被爆樹木〟にも似た力強さを感じるのは、私だけだろうか。

いまその〝被爆樹木〟を見て回る見学・学習コースが密かに注目を集めている。その1本ずつに生命の逞しさを感じる物語があるからである。参加者は、そこから元気（パワー）をもらいたいと願う被爆者（高齢者）だけではない。最近目立つようになったのは、働き盛りの3世や4世（子どもたち）である。

この10年で…という訳にはいかないかもしれない。しかし私は10年、20年という単位で考えると、必ずそういう人が出てくると信じている。つくづく思う。14年も80年もアッという間だった。もちろんその人はナガサキの人であっても、フクシマの人であっても、あるいは東北や能登の人であってもよい。人間というのは、踏まれて強くなる。そういう生き物なのである。

本当のところ、日本中のあらゆる物や人が均一化するなかで、都道府県別の分類なんか、あまり意味を持たない。しかしヒロシマ、ナガサキ、フクシマなどの人は、明らかに発想の出発点が違う。出てこい！広島、長崎から。次の世はキミたちのものなのだから…。

私はこの稿を書きながら、時々書斎の東側の窓から大茶臼山の向こうを眺めていた。そこに見えるただの空間は、母が巨大な〝きのこ雲〟を見たという空である。最初は、想像の外にあった心のなかの絵（シーン）が、ペンを進めていくうちに次第に鮮明になっていった。

私は確かに、人類が2回しか経験していない歴史のなかにいた。そう、その当事者の一人だったのである。いつのまにか私にとって大茶臼山も被爆樹木も、逆境の世を生き抜くための〝生きる力〟になった。

心を打つメッセージ

この章の締めくくりとして、どうしても紹介しておきたいメッセージがある。

そのメッセージ（言葉）の一つひとつが、いまでも私の心に染み込んだまま、これからも消えそうにないからである。あれから44年の時が刻まれたのに、その言葉には「時間を超える普遍的な意味」があった。

１９８１年2月。キリスト教カトリック教会の第２６４代ローマ教皇だったヨハネ・パウロ二世（ポーランド出身）が、皇居で天皇陛下と会見したあと、25日に広島を訪問。平和記念公園の慰霊碑に向かい、雪がちらつく空の下、ひざまずいて約40秒間も祈りを捧げた。そのシーンは、まるで一幅の絵のようだった。

そして集まった被爆者、広島市民、カトリック教徒ら約2万5千人に対し、約30分間の「平和アピール」を行った。そのメッセージが万人の心を打つ。その一節は日本語、英語で石碑に刻まれ、いまでも広島平和記念資料館に展示されている。以下は、その全文からの一部抜粋である。（出典／教皇ヨハネ・パウロ二世 広島『平和アピール』、宗教法人 カトリック中央協議会ＨＰ）

「戦争は人間のしわざです。戦争は人間の生命の破壊です。戦争は死です。この広島の町、この平和記念堂ほど強烈に、この真理を世界に訴えている場所はほかにありません。（中略）過去をふり返ることは、将来に対する責任を担うことです。広島を考えることは、核戦争を拒否することです。広島を考えることは、平和に対しての責任をとることです。この町の人々の苦しみを思い返すことは、人間への信頼の回復、人間の善の行為の能力、人間の正義に関する自由な選択、廃虚を新たな出発点に転換する人間の決意を信じることにつながります。（中略）

各国の元首、政府首脳、政治・経済上の指導者に次のように申します。正義のもとでの平和を誓おうではありませんか。今、この時点で、紛争解決の手段としての戦争は、許されるべきではないというかたい決意をしようではありませんか。人類同胞に向って、軍備縮小とすべての核兵器の破棄とを約束しようではありませんか。暴力と憎しみにかえて、信頼と思いやりとを持とうではありませんか。（中略）

おお、神よ、わたしの声を聞いてください。そして、この世にあなたの終わりなき平和をお与えください」

エピローグ

何度も書くが、人間が生み出した言語というのは偉大である。すっかり埋もれてしまった話を、人々の脳裏にくっきりと蘇らせることができるからである。

一方で、言語の力には限界がある。広島に原爆が投下された瞬間の凄まじさ、惨《むご》さについて幾多の話を聴き、本も読んだ。しかしどうしても身に感じるリアリティが淀んだ空気みたいで、どこか遠い世界の話のような手応え（感覚）に終わる。

ところがその一方で、身内の話には説得力があった。自分ごととして捉えることができたからだと思う。私の母と同じように多くを語らなかった義母（家内の母）の〝そのとき〟の話と、その後の義母の人生を振り返ってみると、私は原爆の次元を超えた底知れぬ恐ろしさを全身で感じるようになった。

私の義母もあの日、爆心地近くを走っていた電車のなかで被爆した。まだ18歳だった義母は、その日、就職したばかりの広島県庁（中区）に向かって自宅近くの広電・己斐駅から市内電車に乗った。真夏の日差しを避けるため、手には叔母からプレゼントしてもらった愛用の日傘を持っていた。

電車が天満町付近に差し掛かったときのこと。何の予兆もなく突然、天から、いや地の底から突き上げるような、この世のものとは思えない轟音が…。いや、それは轟音というような生易しい言葉では表現できない。

多くの被爆者と義母の証言が異なるのは、〝ピカッ〟と〝ドーン〟の間隔が短かったことである。この情況は、どんな言語（表現）を駆使しても伝えきれるものではない。なぜならこの世にないものは、言語にも存在しないからである。

その直後のことを義母はあまり覚えていなかった。気が付いたときには電車の中から抜け出し、裸足で線路の傍に立っていた。電車の外にいた人は皆…。この情景はもう描けない。義母は、必死に自宅のある己斐方向（西）へ向かって歩きはじめた。生きるために一歩ずつ素足で…。思わず線路を踏んでしまったとき、鉄の灼熱でやけどを負った。歩きながら、自分が裸足であること、手に持っていた日傘がないことに気が付いた。

あとから考えてみると、電車のなかで、わずか数百メートル先の爆心地に背を向けていたため、のちに顔にケロイドの跡が残るようなことはなかった。

そのとき目に入ってきた周囲の情景について、ついに義母は生涯、口にすることはなかった。

それは私の母が、あの観音小学校で見た情景をいっさい口にしなかったことと同じところに思いがあった。同じ形の肉体、心を持った人間たちがしたことなのに、人間にあるまじき情景だったからである。

それでも義母（78歳没）も私の母（73歳没）も、戦後の日本社会を何も語らずに逞しく生き抜いた。あのとき電車の分厚い鉄板の内と外で、明暗が分かれた。それは、明暗というような並みの次元の言葉で言い表せるものではない。電車の外にいた人は全身が黒焦げ、ほぼ即死に近い状態の人が多かった。

いまでも時々、いや2、3年に1回くらいは、家内と義母の被爆のときの話をする。そのとき家内が決まって口にすることがある。

それはもし義母が、分厚い鉄板（電車）の外側にいたら、もちろんその後の命も生活もなかったということである。もしそうだったとしたら、いまの家内は存在しない。そうなると、その子供たちもこの世にいない。そうなると、孫もひ孫も…。つまり以降の人はみなこの世にいないのだ。

それは至極、当たり前の話なのに、人間社会の本質（運命）のようなところに辿り着く、ゾッとする話である。これを世界中の人々に当てはめて考えてみよう。人が人の命を奪うという行為（戦争など）は、地球上に生まれてきた人類へのとんでもない挑戦なのである。

一人の命を奪った瞬間に、その人を起点にして生まれてくるはずの、すべての人の命を無きものにしたことになるからである。それを平然と仕事のようにしてやってのける、ごく一部の国の為政者たちは、主義・主張が異なろうが、それなりの大義名分があろうが、厳しく書けば〝人間〟ではない。

いま平穏な日常の青い空の下で、広島の街を象徴する風景がある。それは市内に張り巡らされた網の目の上を走る路面電車の〝動く姿〟である。これを定点からジッと眺めていると、まるで人体の血管のなかを流れる血液のように見える。

あの日。広島の街は焼け野原となり、亡くなった人は当日だけで約5万3千人、年末までに約14万人に達した。

それでも電車を動かす。原爆投下からわずか3日後。関係者の信じられない不撓の精神によって、一部区間を復旧させて路面電車の運転を再開させた。公開されたモノクロ映像を見ると、音のないセピア色の廃墟のなかで、1台の電車がまるで〝ヒロシマは死んでいません〟と意地を見せるようにして動いている。このシーンには、人それぞれの感情が湧く。もし義母が見ていたとしたら、とめどなく涙を流していただろう。これから生きていく若い人なら、復興へ向かう限りなく強い意思を感じるだろう。

この気持ちが、その後の〝広島人の魂〟になった。どんなことがあっても、負けてはいけない。被爆しながら不死鳥の如く復活してきた路面電車は、いつしか「被爆電車」と呼ばれ、広島の街の復興を支えるシンボルになった。

私は3年間の高校への通学をはじめ、もう3000回以上もこの電車に乗った。車内の中央（又は後方）の乗降口に車掌がいる。運転手に発車の合図を送るとき、ヒモで繋がったベルが「チン、チン」と鳴るので、市民は親しみを込めてチンチン電車と呼んだ。

私は、その車内の静寂の時間が大好きだった。通学・通勤の時間帯でも車内には人々の思いが漂い、独特の空気が流れていた。車窓から外を眺めると、驚くほど景色がゆったりと流れる。時々、歩いている人に抜かれることもあった。

私にとって車内は「やすらぎのとき」「思いを巡らせるとき」、そして「広島の人々を観察するとき」でもあった。

私の義母は、この電車のなかで尊い命を繋いだ。そして家内が生まれ、私の伴侶になった。その電車のなかから眺める、逞しく生きる本川・河畔のスラム街の人々。そしてその東側に巨大な照明塔が聳え立った旧広島市民球場の姿。私はそのなかを生きてきた。

広島はかつて、戦国武将の毛利輝元（元就の孫）が、1589年に広島城を開城したことから栄えはじめた古い伝統ある城下町だった。

そのため市内中心部の地名には八丁堀、紙屋町、幟町、大手町、鉄砲町、薬研堀、銀山町、的場町など、城下の〝町割り〟に因んだものが多い。また広島市の繁華街、本通りには「西国街道・播磨屋町」「西国街道・平田屋町」という銘板も埋め込まれている。

江戸期の大半に城主を務めた浅野家の時代から、人々の暮らしの歴史があり、域内には職人気質が息づいていた。もしそのままの形で残っていたら、おそらく今の仙台市、金沢市、松江市、松山市のようなイメージの城下町になっていたと思う。

とりわけ広島城は、太田川の広々とした三角州のなかに孤高として立ち、その川の一部が堀として活用されていたことなどで日本有数の平城として知られ、その周囲の形状（広い島）から広島の地名が生まれた。

ところが1945年8月6日。一発の原子爆弾によって、ヒロシマは別のイメージの街に生まれ変わらざるを得なくなった。そのときまで街のシンボルのように建っていた木造の初代天守（国宝）は、被爆で倒壊。1953年にその跡地が「国史跡」に指定されたものの、広島市は、1958年に現在の天守を鉄筋で再建した。

こうしてみると人間社会はすべて、義母が分厚い鉄板（電車）で守られた話と同じところに辿り着く。もしあのとき戦争がなかったら、もしあのとき原子爆弾が投下されていなかったら、もしあのとき…。こうして話は延々と広がる。

しかし実際には、日本は戦争に突入し、広島に原爆が投下され、語るに語れない苦難に満ちた復興の道を歩む街になった。その復興の象徴として生まれたカープ、サンフレッチェ…。こうして今日のヒロシマの街が出来上がったのである。

本文でも書いたが、世界中にある街の形は、時々の人間の営みによって、まるで建物を築くようにして一つのイメージに向かって少しずつ形作られていく。

この歴史は、もう塗り替えることはできない。覚えておこう。いまの広島県のブランド推進、広島市の都市再開発計画…等々。みなこの流れのなかにある。良くも悪くも一朝一夕には変えられないのである。

その一方で、この広い地球を俯瞰してみると、ヒロシマは戦後わずか80年で、戦前には予想もしなかった得難いポジションを手にした。いま広島市は世界の国々から「平和都市」と呼ばれるようになった。この呼び方は、フツーのことでは得られない。ある意味で〝その気〟になれば、世界をリードできる街になったのだ。

さあ、あなたはこれから、そのことをどう考えるのか。そして、どう動くのか。広島人よ。素直に歴史に導かれ、その道を堂々と歩もうではないか。そしてもっと自信を持とう。もっと誇りを持とう。もっと行動を起そう。そのことが、かつて不幸な出来事によって、尊い命を犠牲にした先輩方への最大の供養になるのではないか。

世に「十人十色」という言葉がある。一つのことに対し、それぞれ違った考え方が存在し、同じ考えを持つ人の方が少ない。

そのことを百も承知で、独りよがりな愚考をたくさん書かせてもらった。何の予告もなく、文章の偶然の流れのなかに登場してもらった人たちには、大変申し訳なく思っている。そのため誰もが知る公人については実名で書かせてもらったが、人名についてはできるだけイニシャル表記に心がけた。

また数々の不適切な記述、知識不足による舌足らずな表現…。特に、専門でない分野については、お叱りを承知のうえで、思いのままを書かせてもらった。お陰で、この歳になってようやくスッキリしたようなところもある。すべて不徳の致すところとして、寛容な心で読み過ごして頂ければ幸いである。

そろそろペンを置くときがきた。たまたまの出会いでこの本を手にしてくれた読者には、心からの〝ありがとう〟を伝えたい。また南々社（出版社）から「広島を元気にする本」というリクエストを受けたのに、それに応えていないような気もする。その点については、深くお詫び申し上げたい。そのうえで同社の西元俊典社長、編集を担当してもらった本永鈴枝さんには心から感謝の言葉を贈りたい。

不徳の被爆2世　迫　勝則

〈参考にした文献〉

『君たちは平和をどう守るのか』平岡敬著（南々社）
『世界のリーダー185人
ヒロシマ、ナガサキで発した「言葉」』三山秀昭著（南々社）
『広島学』岩中祥史著（新潮文庫）
『人間 山本浩二』山本浩二著（交通タイムス社）
『国家の品格』藤原正彦著（新潮新書）
『中国新聞』記事（中国新聞社）

〈写真提供〉

第1章・扉　一般社団法人広島県観光連盟
第2章・扉　撮影／米軍、提供／広島平和記念資料館
第6章・扉　朝日新聞社
第7章・扉　学校法人 広島国際学院
第8章・扉　Ukrinform／共同通信イメージズ

装　　幀　スタジオ ギブ
本文 DTP　大原 剛　角屋 克博

Profile
迫 勝則（さこ かつのり）

1946年広島市生まれ。作家。山口大学経済学部卒。

2001年マツダ（株）退社後、広島国際学院大学・現代社会学部長（教授）、同学校法人理事。14年間、広島テレビ、中国放送でコメンテーターを務める。現在も執筆、講演などを続ける。

主な著書に『広島にカープはいらないのか』『森下に惚れる』『逆境の美学』（いずれも南々社）、『前田の美学』『黒田博樹 1球の重み』（いずれも宝島社）、『主砲論』（徳間書店）、『マツダ最強論』（溪水社）など。

ヒロシマ人の生き方――言わんと意見

2024年12月10日　初版第1刷発行

著　　者　　迫 勝則
発 行 者　　西元 俊典
発 行 所　　有限会社 南々社
〒732-0048　広島市東区山根町27-2
TEL 082-261-8243　FAX 082-261-8647
印刷製本所　　株式会社 シナノ パブリッシング プレス

ISBN978-4-86489-175-2